RICHARD BERNSTEIN

Por que ler
HANNAH ARENDT
hoje?

O GEN | Grupo Editorial Nacional – maior plataforma editorial brasileira no segmento científico, técnico e profissional – publica conteúdos nas áreas de ciências sociais aplicadas, exatas, humanas, jurídicas e da saúde, além de prover serviços direcionados à educação continuada e à preparação para concursos.

As editoras que integram o GEN, das mais respeitadas no mercado editorial, construíram catálogos inigualáveis, com obras decisivas para a formação acadêmica e o aperfeiçoamento de várias gerações de profissionais e estudantes, tendo se tornado sinônimo de qualidade e seriedade.

A missão do GEN e dos núcleos de conteúdo que o compõem é prover a melhor informação científica e distribuí-la de maneira flexível e conveniente, a preços justos, gerando benefícios e servindo a autores, docentes, livreiros, funcionários, colaboradores e acionistas.

Nosso comportamento ético incondicional e nossa responsabilidade social e ambiental são reforçados pela natureza educacional de nossa atividade e dão sustentabilidade ao crescimento contínuo e à rentabilidade do grupo.

Tradução e Apresentação
Adriano Correia
Nádia Junqueira Ribeiro

RICHARD BERNSTEIN
Por que ler HANNAH ARENDT hoje?

- O autor deste livro e a editora empenharam seus melhores esforços para assegurar que as informações e os procedimentos apresentados no texto estejam em acordo com os padrões aceitos à época da publicação. Entretanto, tendo em conta a evolução das ciências, as atualizações legislativas, as mudanças regulamentares governamentais e o constante fluxo de novas informações sobre os temas que constam do livro, recomendamos enfaticamente que os leitores consultem sempre outras fontes fidedignas, de modo a se certificarem de que as informações contidas no texto estão corretas e de que não houve alterações nas recomendações ou na legislação regulamentadora.
- Data do fechamento do livro: 21/07/2021.
- O autor e a editora se empenharam para citar adequadamente e dar o devido crédito a todos os detentores de direitos autorais de qualquer material utilizado neste livro, dispondo-se a possíveis acertos posteriores caso, inadvertida e involuntariamente, a identificação de algum deles tenha sido omitida.
- **Atendimento ao cliente: (11) 5080-0751 | faleconosco@grupogen.com.br**
- Traduzido de
  RICHARD BERNSTEIN, WHY READ HANNAH ARENDT NOW, FIRST EDITION
  Copyright © Richard Bernstein 2018.
  The right of Richard Bernstein to be identified as Author of this Work has been asserted in accordance with the UK Copyright, Designs and Patents Act 1988.
  First published in 2018 by Polity Press.
  This edition is published by arrangement with Polity Press Ltd., Cambridge.
  All Rights Reserved.
  ISBN: 9781509528592.
- Direitos exclusivos para a língua portuguesa
  Copyright © 2022 (2ª impressão) by
  FORENSE UNIVERSITÁRIA, um selo da **Editora Forense Ltda.**
  Uma editora integrante do GEN | Grupo Editorial Nacional
  Travessa do Ouvidor, 11
  Rio de Janeiro – RJ – 20040-040
  www.grupogen.com.br
- Reservados todos os direitos. É proibida a duplicação ou reprodução deste volume, no todo ou em parte, em quaisquer formas ou por quaisquer meios (eletrônico, mecânico, gravação, fotocópia, distribuição na internet ou outros), sem permissão, por escrito, da Editora Forense Ltda.
- Capa: Rejane Megale Figueiredo
- Editoração Eletrônica: Karen Ameomo

CIP-BRASIL. CATALOGAÇÃO NA PUBLICAÇÃO
SINDICATO NACIONAL DOS EDITORES DE LIVROS, RJ

B449p

Bernstein, Richard J., 1932-
    Por que ler Hannah Arendt hoje? / Richard J. Bernstein ; tradução e apresentação Adriano Correia, Nádia Junqueira Ribeiro. – 1. ed. – Rio de Janeiro: Forense Universitária, 2022.

    Tradução de: Why read Hannah Arendt now?
    Inclui referências
    ISBN 978-65-5964-141-3

    1. Arendt, Hannah, 1906-1975 – Crítica e interpretação. 2. Arendt, Hannah, 1906-1975 – Visões políticas e sociais. I. Correia, Adriano. II. Ribeiro, Nádia Junqueira. III. Título.

21-70904   CDD: 320.5
                             CDU: 32:316.75

Camila Donis Hartmann - Bibliotecária - CRB-7/6472

Para Jerry Kohn

Sumário

Agradecimentos ix

Apresentação 1

Introdução 17

Apátridas e Refugiados 25

O Direito a Ter Direitos 37

Oposição Leal: a Crítica de Arendt ao Sionismo 51

Racismo e Segregação 63

viii | Por Que Ler Hannah Arendt Hoje?

A Banalidade do Mal 73

Verdade, Política e Mentira 83

Pluralidade, Política e Liberdade Pública 97

A Revolução Americana e o Espírito
Revolucionário 115

Responsabilidade Pessoal e Responsabilidade
Política 127

Obras Citadas 133

Referências Bibliográficas da Apresentação 139

Agradecimentos

Dedico este livro a Jerry (Jerome) Kohn, meu amigo há mais de 25 anos. Jerry fez mais do que qualquer pessoa para tornar Arendt conhecida do público internacional. Ele tem sido um cuidadoso editor de suas obras publicadas e inéditas. Seus próprios escritos sobre Arendt são sempre perspicazes e iluminadores. Ele é uma inspiração em minha própria jornada com Arendt. Gostaria de agradecer à professora Carol Bernstein por ler e editar meu manuscrito. Ela é, sem dúvidas, a minha crítica mais exigente e incisiva. John Thompson, quem me sugeriu escrever esse livro, tem sido sempre uma fonte de apoio.

Apresentação

2 | Por Que Ler Hannah Arendt Hoje?

O primeiro encontro entre Richard J. Bernstein e Hannah Arendt aconteceu em 1972, no Haverford College, na Pensilvânia. Bernstein tinha 40 anos e Arendt, 66. Ele era professor daquela instituição, enquanto ela estava ali para fazer uma palestra. Ela já era uma pensadora consagrada, professora da New School For Social Research, mundialmente conhecida por suas obras, como *Eichmann em Jerusalém, Sobre a Revolução, A Condição Humana* e *Origens do Totalitarismo*, além de dezenas de artigos e ensaios. Bernstein havia acabado de publicar seu segundo livro, *Praxis and Action: Contemporary Philosophies of Human Activity*. Seria natural que Bernstein estivesse interessado no trabalho de Arendt, em conhecê-la pessoalmente e lhe abordasse, ao final da palestra, dizendo que admirava seu trabalho. O que aconteceu foi justamente o contrário: Arendt foi quem quis conhecer Bernstein porque havia acabado de ler este seu livro[1].

A despeito do tema tão próximo de *A Condição Humana* e de a obra ser mencionada na bibliografia do livro, no corpo do texto ela é mencionada apenas no prefácio, em uma nota de rodapé, como "uma ambiciosa tentativa de articular e reviver o significado aristotélico da ação política livre" (Bernstein, 1971, p. xiv). Arendt se interessou pelo livro e sublinhou extensivamente a introdução e a primeira

---

[1] Bernstein relata esta estória em diversas ocasiões, entre elas na entrevista a Adriana Novaes para os *Cadernos de Filosofia Alemã* (2016).

Apresentação | 3

parte, intitulada *Praxis: Marx and the Hegelian background*, como se pode conferir no exemplar de sua biblioteca pessoal, abrigada no Bard College. Ela também informa a ele em uma carta que utiliza seu livro em um seminário em que discute Marx, "pelo frescor e pela originalidade de seu pensamento" (carta de 31/10/1972). Bernstein destacou em uma entrevista recente que ela poderia se incomodar por um livro sobre a *práxis* não discutir *A Condição Humana*, "mas essa não foi sua atitude. Ela percebeu que eu estava tentando fazer algo novo e original. Ela foi intelectualmente generosa em relação a mim" (Novaes, 2016, p. 186).

Depois daquela palestra, Arendt e Bernstein saíram para jantar e ficaram conversando das oito da noite às duas da manhã. Ou melhor, discutindo e discordando um do outro. Bernstein achava que Arendt estava errada sobre sua abordagem de Hegel e Marx. Ainda em 1972, Arendt agiria em favor da contratação de Bernstein pela *New School*, e julgou que precisamente a originalidade da obra dele foi decisiva para que ele não fosse contratado naquele momento – apenas em 1989, Bernstein seria contratado pela *New School*, onde permanece atuando até hoje. Ela ainda o recomendou entusiasticamente à Universidade de Essex, mencionando *Praxis and Action* como "uma contribuição excepcional e original à teoria política e à história das ideias" (carta de 11/03/1974). Bernstein diz que aquele encontro na Pensilvânia marcou o início da amizade entre os dois, que duraria três anos, até a morte de Arendt, em 1975.

Mesmo depois de sua morte, a presença de Arendt sempre foi viva para Bernstein.

Este primeiro encontro diz muito do trabalho de Bernstein em relação ao pensamento de Hannah Arendt: um constante e cuidadoso diálogo, comprometido com o pensamento e a trajetória da autora, mas que não se furta em ser crítico ou em discordar dela. Se Arendt se encantou primeiro pela originalidade do pensamento de Bernstein, podemos dizer que, em seguida, Bernstein foi quem se admirou pela independência de pensamento de Arendt. Para ele, Arendt sempre se posicionou como uma pensadora *"outsider"* e admira Bernstein que ela nunca tenha se adequado a certas categorias e disciplinas consideradas *"mainstream"*. Este traço de Arendt fazia dela uma pensadora com extraordinária capacidade de colocar as questões que deveriam ser feitas – mas que nem todos estavam dispostos a enfrentar – recusando "categorias convencionais, classificações e clichês" (Bernstein, 1996, p. 03). Importante destacar a genuína habilidade de Bernstein para reconhecer o potencial do pensamento de Arendt, sem deixar de enfrentar suas contradições, mas empreendendo uma crítica capaz de deslocar a perspectiva para outras obras da autora, outros momentos de seu trabalho e também de sua vida. Ele foi um dos primeiros estudiosos – e ainda poucos – que se dedicou a compreender a obra de Arendt à luz da sua experiência como judia e de suas reflexões sobre os temas judaicos, frequentemente marginalizados. Esta forma de ler e escrever sobre Arendt torna suas críticas altamente relevantes para os estudos da obra da autora e também faz de Bernstein um dos mais generosos críticos de seu pensamento.

Podemos identificar o registro da primeira intervenção de Richard Bernstein com o intuito de apontar pontos-cegos no pensamento arendtiano em 1972. Ele foi convidado para o congresso sobre a obra de Hannah Arendt, em Toronto, quando ela não ofereceu respostas convincentes às interpelações acerca da distinção entre o social e o político, recorrente em sua obra. Na transcrição do debate, do qual participaram Mary McCarthy, Hans Jonas, Albrecht Wellmer, C. B. Macpherson, dentre outros, aparece uma intervenção de Bernstein em que ele observa que apesar de que possamos apreciar a distinção entre o social e o político, "é uma questão de se nos dias de hoje podemos dissociar ou separar consistentemente o social e o político" (Arendt, 2010, p. 139). A intervenção de Bernstein reverbera uma questão anterior de Mary McCarthy e Arendt se permite indicar apenas que as questões sociais estão entre as que podem ser administradas e não estariam sujeitas ao debate público – "que elas devam estar sujeitas a debate, parece-me um embuste e um aborrecimento" (Arendt, 2010, p. 140). Bernstein não ficou satisfeito com a resposta e disse que ninguém ali ficou. Que esta questão certamente é muito mais complexa, o próprio Bernstein explicita em seu texto Hannah Arendt: *Rethinking the Social and The Political*, em *Philosophical Profiles*.

Catorze anos depois, Bernstein concluiu, neste texto, que quanto mais se investigava acerca da distinção entre o

6 | Por Que Ler Hannah Arendt Hoje?

social e o político, mais ela revelava profundas tensões. O filósofo, contudo, não a rejeitou, como outros críticos, mas se propôs a repensá-la por acreditar que tem importantes consequências teóricas e políticas para o nosso contexto político e social. A distinção não pode ser considerada insustentável, segundo Bernstein, porque se relaciona diretamente com a compreensão de Arendt acerca da política e da democracia participativa. A distinção aponta para a forma radicalmente diferente de Arendt pensar a política: em que a liberdade pública é inegociável e não pode existir sem a participação política. Esta noção positiva de liberdade implica falar, agir e debater com nossos pares na esfera pública. Reconhecer que nossos tempos conspiram para que estes elementos não floresçam é reconhecer a fragilidade de rejeitar completamente esta distinção arendtiana.

Na conferência no Canadá, Bernstein interveio com uma palestra intitulada *The Ambiguities of Theory and Practice*, que acabou por ser publicada como capítulo de livro apenas em 1977 – dois anos antes da publicação do livro com as intervenções do congresso, sem a participação de Bernstein (Hill, 1977). Em seu texto, Bernstein continua a conversa inicial com Arendt sobre seu livro *Praxis & Action* indicando o quanto a obra de Arendt é antagônica a uma compreensão de teoria política de inspiração positivista que estabelece uma simetria entre explicação e predição. Bernstein destaca o interesse de Arendt pela compreensão da ação como estreitamente vinculada ao começar e à liberdade – enquanto distinta do comportamento, portanto. Precisamente porque a ação introduz genuína novidade no mundo, para sua compreensão é necessário "imaginação, coragem e uma disposição para se engajar no pensamento independente" (Bernstein, 1977, p. 150). Com efeito, a ação possui uma ambiguidade constitutiva que desafia nossa capacidade de compreender, uma vez que "não há como erradicar ou diminuir a ambiguidade da ação sem eliminar a própria ação" (Bernstein, 1977, p. 151).

O trabalho filosófico de Arendt passou a se tornar conhecido a partir da publicação de *Origens do Totalitarismo*, em 1951. Mas os 20 anos que antecedem a publicação desta primeira grande obra ficaram à margem do foco de trabalho de estudiosos do pensamento de Arendt em detrimento das obras que viriam a partir dali. Em 1978, Ron H. Feldman reuniu os principais artigos de Arendt sobre temas judaicos e sionistas que, até então, eram pouco conhecidos e estudados. Poucos anos mais tarde, em 1982, Elizabeth Young-Bruehl publica a primeira biografia de Arendt, que oferece ao público a possibilidade de acessar detalhes da vida de Arendt, pouco conhecidos até então. Este trabalho evidencia a centralidade da preocupação de Arendt com o destino do povo judeu e seu engajamento político em defesa dele, nesses anos que antecedem a publicação de *Origens*. Na década de 1990, são publicadas as cartas de Arendt com seu amigo e orientador, Karl Jaspers e com sua amiga Mary McCarthy e estes materiais passam a oferecer a possibilidade de compreender o pensamento de Hannah Arendt à

8 | Por Que Ler Hannah Arendt Hoje?

luz das suas experiências enquanto judia. Ainda que todos esses trabalhos tenham vindo à tona na década de 1990 e tenha havido um crescente interesse na relação entre a vida e a obra de Hannah Arendt, as preocupações da pensadora com as questões judaicas pareciam se manter à margem dos estudos sobre seu pensamento. Não para Bernstein, que, em 1996, publica o livro *Hannah Arendt and the Jewish Question*, uma obra integralmente voltada a compreender o pensamento de Arendt à luz das suas reflexões sobre a questão judaica e a relacionar seus conceitos filosóficos estabelecidos nas obras mais conhecidas às noções forjadas nas reflexões sobre os temas judaicos.

Este trabalho parte da sua argumentação de que uma divisão entre as preocupações de Arendt com as questões judaicas e o restante de seu trabalho é insustentável. Ele mostra, nesta obra, que se voltar para esses temas é algo "essencial para a compreensão dos temas mais característicos de seu pensamento" (Bernstein, 1996, p. 09). Bernstein desloca, assim, uma perspectiva de compreensão da distinção entre o social e o político a partir das noções de pária e parvenu, desenvolvidas por Arendt (apropriadas por ela, de Bernard Lazare). Ele também explicita, a partir das reflexões sobre a história moderna dos judeus e das reflexões e atuações de Arendt sobre a política sionista, como ela desenvolve uma noção de política "que vem de baixo" e que demanda responsabilidade.

Bernstein traça um outro caminho para a compreensão dos conceitos de ação, liberdade, espaço público e política, tematizados em obras tão conhecidas como: *A Condição Humana* e *Origens do Totalitarismo*, apresentando ao leitor que esses conceitos emergem dos estudos de Arendt sobre o totalitarismo nazista. A defesa arendtiana dos conselhos, tão conhecida em *Sobre a Revolução*, também emerge, demonstra Bernstein, da temática judaica. Até o final de sua vida, Arendt esteve mobilizada por esses temas, sem nos esquecermos que suas reflexões mais desenvolvidas sobre o mal e o juízo têm início no julgamento de *Eichmann*.

O diálogo crítico de Bernstein com a obra de Arendt foi se intensificando ao longo das últimas décadas, tendo ele se tornado um dos intérpretes mais agudos do pensamento arendtiano. Em seu diálogo crítico com Arendt, Bernstein se aproxima da concepção de teoria política explicitada por ela, ao mesmo tempo em que indica que, talvez, Arendt, em seu rechaço por uma teoria política que busque antes de tudo identificar padrões e regularidades que possam orientar a ação futura, como se o futuro já estivesse implícito no presente, acaba por conceder pouca relevância à importância da compreensão do mundo para iluminar as possibilidades que se abrem para os agentes. Para Bernstein, Arendt estaria muito mais próxima do que imaginava de uma concepção de teoria como crítica tal como aparece na obra de Marx, fundada em uma crítica implacável de todas as condições existentes. O próprio Marx seria decisivo para

10 | Por Que Ler Hannah Arendt Hoje?

matizar a distinção entre o social e o político, tão central à obra arendtiana, e chamar atenção para o fato de que não se pode alcançar uma genuína liberdade política sem que se enfrente a questão social da pobreza e da miséria, algo de que a teoria política não deveria evadir (Cf. Bernstein, 1977, p. 157).

Por que ler Arendt hoje? é uma síntese do profundo conhecimento de Bernstein sobre o trabalho e a vida de Arendt, da sua capacidade de identificar extraordinária atualidade em sua teoria e em diversas reflexões que ela fez há tantos anos e também do seu posicionamento crítico à pensadora. Neste livro, Bernstein acusa Arendt de ter feito críticas "incendiárias" aos conselhos judaicos. Ele se refere, especificamente, à afirmação de Arendt em *Eichmann em Jerusalém* sobre esses conselhos, quando diz que "a verdade completa era que se o povo judeu realmente estivesse desorganizado e sem liderança haveria caos e imensa miséria, mas o número total de vítimas dificilmente teria sido entre quatro e meio e seis milhões de pessoas". Bernstein julgou Arendt irresponsável ao fazer essa afirmação, porque ninguém poderia dizer, com certeza, quantos judeus teriam sido assassinados caso os conselhos judaicos nunca tivessem existido.

Bernstein também acredita que Arendt errou no artigo *Reflexões sobre Little Rock* (2008 [1959]), quando se opôs fortemente à imposição federal da integração racial nas escolas públicas e, para isso, impôs suas categorias elaboradas em *A Condição Humana,* estabelecendo rigi-

Apresentação | 11

damente a distinção entre o social e o político, o público e o privado. Para Bernstein, Arendt falhou em compreender as consequências desastrosas da hostil discriminação política, social e econômica dos negros nos EUA.

Um dos temas aos quais ele retornou várias vezes foi a questão do mal na obra de Arendt. Já no texto de 1977, ele destaca que *Eichmann em Jerusalém* testemunha a convicção teórica de Arendt de que temos de encontrar novas categorias para compreender o que significam as ações e o tipo de criminoso que era Eichmann, em vez de buscar encaixá-lo em padrões convencionais de julgamento (Bernstein, 1977, p. 151). Também aqui seu pensamento independente se traduz na convicção de que a compreensão provém antes da identificação do que é singular e desafiador em um determinado fenômeno ou acontecimento que da sua assimilação a um conjunto de eventos análogos com os quais compartilharia traços comuns ou de afinidade.

Em um texto constante de um livro em homenagem a Arendt, por ocasião da rememoração dos 20 anos de sua morte, Bernstein retoma o tema do mal e indica que Arendt estava errada ao indicar em 1945 que "o problema do mal será a questão fundamental da vida intelectual da Europa no pós-guerra", embora certamente tenha se tornado uma questão fundamental à obra dela, desde então. Ele extrai esta referência de uma resenha de Arendt para a obra *The Devil's Share*, de Denis de Rougemont, intitulada *Pesadelo e fuga*. Antes da frase citada por Bernstein, Arendt afirmara: "a realidade é que 'os nazistas

12 | Por Que Ler Hannah Arendt Hoje?

são homens como nós'; o pesadelo é que eles mostraram, demonstraram para além de qualquer dúvida, o que o homem é capaz de fazer" (Arendt, 2008, pp. 162-163). Em um texto iluminador (1997), Bernstein parte de uma pista dada por Arendt em uma carta a Gershom Scholem, na qual afirma que não pensa mais que o mal possa ser radical, como indicou em *Origens do Totalitarismo*, mas que teria mudado de ideia e que após o caso Eichmann passou a julgar que

> o mal nunca é "radical", que ele é apenas extremo e não possui profundidade nem qualquer dimensão demoníaca. Ele pode proliferar e devastar o mundo inteiro precisamente porque se espalha como fungo sobre a superfície. Ele desafia o pensamento, como eu disse, porque o pensamento procura alcançar alguma profundidade, ir às raízes, e, no momento em que lida com o mal, ele se frustra porque não há nada. Isto é "banalidade" (Arendt, 2016, p. 763).

Posteriormente, na obra *Radical Evil* (2002), Bernstein pôde explorar mais detidamente estes desdobramentos na obra de Arendt, inclusive no que diz respeito à sua proximidade e à sua distância da concepção kantiana de mal radical, mas, neste capítulo, sobre se ela teria mudado de ideia, ele foca sua atenção sobre a hipótese de que, a despeito da declaração enfática de Arendt, a concepção de mal radical como tornar supérfluos os seres humanos não contradiria a noção de banalidade do mal

Apresentação | 13

compreendida como irreflexão não monstruosa e superficialidade devastadora (Cf. Bernstein, 1997, pp. 142-143).

No espírito daquele primeiro diálogo no Haverford College, Bernstein seguiu dialogando com Arendt a contrapelo, muitas vezes, aproximando-se dela por aquilo de que ela julgava estar distante.

Em dois textos mais recentes, de 2010, ele retorna à questão do mal, em um deles se perguntando se as reflexões de Arendt sobre o mal ainda são relevantes, e, em outro, indicando que a pergunta sobre se o mal é banal, é enganadora. No primeiro texto, ele destaca a importância do alerta de Arendt sobre os riscos de se introduzir absolutos em política, aponta que a compreensão do mal radical como tornar os seres humanos supérfluos é decisiva para os problemas contemporâneos relativos à condição dos apátridas, dos refugiados e dos imigrantes, indicando que suas "reflexões sobre a banalidade do mal, ajuda-nos a compreender o mal e a responsabilidade em um mundo globalizado burocrático" (Bernstein, 2010a, p. 294).

No segundo texto, observa que a pergunta sobre se o mal é banal supõe falsamente que Arendt defende uma teoria geral sobre a natureza do mal, ignora as idas e vindas de sua longa reflexão sobre o mal e obscurece a distinção entre o perpetrador e seus feitos. Assinala, então, que a banalidade do mal se refere a algo "que nasce na sarjeta, que não tem profundidade, que é raso; a algo que desafia o pensamento; algo que tem a ver com o modo como 'pessoas comuns' podem cometer

14 | Por Que Ler Hannah Arendt Hoje?

atos maus sem serem monstros viciosos ou mesmo ter intenções más" (Bernstein, 2010b, p. 135). Para ele, não podemos ignorar ainda hoje as manifestações de um mal devastador que se espraia como um fungo sobre a superfície. Nesta obra que ora apresentamos, esta convicção é claramente reiterada.

Recentemente, em 2018, em seu discurso de recepção do título de *Doutor honoris causa* na Universidade Autónoma Metropolitana, no México, ele se refere a Arendt numerosas vezes e indica a importância da obra dela para seu percurso filosófico. Tratando de sua própria experiência com a filosofia, ele afirma que admira os pensadores que perseguem um mesmo projeto ao longo de suas vidas, mas que "como Hannah Arendt, quero compreender o mundo à minha volta" (Bernstein, 2018, p. 25) e "como Arendt, também acredito que na escuridão dos tempos é essencial manter viva a iluminação fornecida por pessoas (no passado e no presente) que resistem ao engodo, à mentira, à violência, ao mal e à escuridão – aqueles que se recusam a aceitar o mundo como é e continuam a combater a injustiça social e a aliviar as muitas formas de miséria humana" (Bernstein, 2018, p. 28). Pensamos que Arendt é uma dessas pessoas – assim como Bernstein – e que este livro é prova cabal disto.

Para nós, traduzir esta primeira obra de Richard J. Bernstein em língua portuguesa é uma homenagem à vitalidade de sua contribuição à filosofia contemporânea e um testemunho de nossa gratidão por podermos ter contado com sua interlocução em momentos decisivos de nosso diálogo

Apresentação | 15

com a obra de Hannah Arendt e por ter generosamente nos acolhido na *New School*.

Adriano Correia[2]

Nádia Junqueira Ribeiro[3]

---

[2] Professor de Filosofia da Universidade Federal de Goiás e pesquisador do CNPq. Organizador de *Transpondo o abismo: Hannah Arendt entre a filosofia e a política* (Forense Universitária, 2002), *Hannah Arendt e a condição humana* (Quarteto, 2006); coorganizador, com Mariangela Nascimento, de *Hannah Arendt: entre o passado e o futuro* (UFJF, 2008); autor de *Hannah Arendt* (Zahar,2007). Realizou pesquisas de Pós-doutorado na Freie Universität Berlin (em 2011, com bolsa CAPES/DAAD) e The New School (Nova York, 2017, com bolsa CAPES). Foi professor e pesquisador visitante em várias universidades estrangeiras e desenvolve pesquisas nas áreas de filosofia política, ética, filosofia da arte e filosofia do direito, discutindo principalmente as obras dos seguintes autores: Hannah Arendt, Michel Foucault, Immanuel Kant, Giorgio Agamben, Jürgen Habermas e Friedrich Nietzsche. É membro da Associação Iberoamericana de Filosofia Política, vice-presidente da Rede Iberoamericana de Filosofia no período 2018-2022 e diretor (vocal) da Sociedade Interamericana de Filosofia (2019-2024).

[3] Doutoranda em Filosofia Política e Ética no Instituto de Filosofia e Ciências Humanas da Universidade Estadual de Campinas (Unicamp); bolsista CNPq. Realizou estágio de pesquisa no departamento de Filosofia da New School for Social Research (Spring Term, 2020). Mestre em Filosofia Política e Ética na Universidade Federal de Goiás (2015). Bacharel em Filosofia pela Universidade Federal de Goiás (2012). Bacharel em Comunicação Social, habilitação em Jornalismo pela PUC-Goiás (2011). Assessora de comunicação da Associação Nacional de Pós-graduação em Filosofia. Pesquisa, atualmente, a relação entre o Social e o Político e a Questão Judaica no pensamento de Hannah Arendt.

Introdução

18 | Por Que Ler Hannah Arendt Hoje?

Quando Hannah Arendt morreu, em dezembro de 1975, ela era conhecida principalmente pela controvérsia acerca de seu relato sobre o julgamento de Adolf Eichmann e a expressão "banalidade do mal". Havia um círculo de admiradores e críticos nos Estados Unidos e na Alemanha que eram conhecedores de seus outros escritos, mas, raramente, ela era considerada uma pensadora política proeminente. Nos anos que se seguiram à sua morte a cena se alterou radicalmente. Seus livros têm sido traduzidos em vários idiomas. Em todo o mundo as pessoas estão apaixonadamente interessadas em sua obra. Parece infindável o volume de livros, conferências e artigos focados em Arendt e suas ideias. Recentemente, as discussões sobre Arendt e as referências a ela inundaram as mídias sociais. Qual a razão desse interesse crescente – e, em especial, qual a razão do ápice de interesse em sua obra? Arendt era notavelmente perspicaz acerca de alguns dos mais profundos problemas, perplexidades e tendências perigosas na vida política moderna. Muito disso não desapareceu e se tornou mais intenso e mais perigoso. Quando Arendt falava sobre "tempos sombrios" ela não se referia exclusivamente aos horrores do totalitarismo do século XX. Ela escreveu:

> Se é função do domínio público lançar luz sobre os assuntos dos homens, fornecendo um espaço de aparências no qual eles podem mostrar, em feitos e palavras, para o melhor e para o pior, quem eles são e o que eles

Introdução | **19**

> podem fazer, então a escuridão surge quando esta luz
> é extinguida pelos "vácuos de credibilidade" e pelo "go-
> verno invisível", pelo discurso que não desvela o que é,
> mas varre para debaixo do tapete, por exortações mo-
> rais e outras que, sob o pretexto de apoiar antigas verda-
> des, degrada toda verdade em trivialidade sem sentido
> (Arendt, 1968, p. viii).

É difícil resistir à conclusão de que estamos vivendo agora tempos sombrios que estão engolfando o mundo inteiro. Arendt defende que mesmo nos tempos mais sombrios podemos esperar encontrar alguma iluminação – iluminação que surge não tanto de teorias e conceitos, mas das vidas e obras de indivíduos. Quero mostrar que Arendt fornece tal iluminação, que ela nos ajuda a adquirir uma perspectiva crítica sobre nossos atuais problemas políticos e perplexidades. Ela é uma crítica astuta de tendências perigosas na vida moderna e ilumina as potencialidades para restaurar a dignidade da política. É por isso que ela vale a pena ser lida e relida hoje.

Mas quem foi Hannah Arendt? Começarei com um breve esboço de alguns dos destaques de sua vida que moldaram seu pensamento. Ela foi atraída pelo apelo de Maquiavel à deusa *Fortuna* (geralmente traduzida como "sorte", "acaso", "contingência"). A sorte, como sabemos, pode ser boa ou ruim. Ao contrário de seu amigo íntimo, Walter Benjamin, que sempre parecia experimentar má sorte, até que se suicidou, a *Fortuna* de Arendt foi favorável

20 | Por Que Ler Hannah Arendt Hoje?

em momentos cruciais de sua vida. Nascida em 1906 em uma família germano-judaica secular, ela se tornou um membro notável de uma talentosa geração de intelectuais germano-judaicos. No início da década de 1920, ela estudou com proeminentes filósofos e teólogos da Alemanha, incluindo Husserl, Heidegger, Jaspers e Bultmann. Com a nefasta ascensão dos nazistas e seu antissemitismo feroz, Arendt concordou em ajudar seus amigos sionistas fazendo pesquisas sobre propaganda antissemita nazista. Em 1933, ela foi detida e interrogada por oito dias, recusando-se a revelar o que estava fazendo, sendo finalmente libertada. Foi uma sorte extraordinária, porque sabemos que, em circunstâncias semelhantes, muitos outros foram assassinados nas celas da Gestapo.

Arendt, então, decidiu deixar de maneira ilegal a Alemanha. Ela escapou pela Checoslováquia e seguiu para Paris – o refúgio para muitos judeus fugindo dos nazistas. Arendt, foi, oficialmente, uma apátrida por 18 anos até se tornar cidadã norte-americana. Esta é uma razão fundamental para sua sensibilidade com o dilema dos apátridas e com o *status* problemático dos refugiados. Alemães ilegais exilados em Paris enfrentaram o problema de não ter papéis oficiais que lhes permitissem trabalhar, de modo que muitos levaram vidas extremamente precárias. Arendt teve a boa sorte de assegurar um emprego com várias organizações judaicas e sionistas, incluindo a *Youth Aliyah* – a organização que enviava jovens judeus europeus em situação de risco para a Palestina. Em Paris, ela encontrou Heinrich Blücher, que descendia de uma família alemã não judia, participara da revolta espartaquista e havia sido um membro do Partido Comunista Alemão. Eles se casaram em 1940. Em maio do mesmo ano, pouco antes de os alemães invadirem a França, autoridades francesas ordenaram que todos os "estrangeiros inimigos" entre as idades de 17 e 55 anos fossem enviados a campos de internamento. Arendt foi enviada a Gurs, um campo no sul da França, próximo à fronteira com a Espanha. Em um artigo escrito logo após Arendt chegar a Nova York, ela ironicamente se refere a um novo tipo de ser humano criado pela história contemporânea – "aquele que é colocado em campos de concentração por seus adversários e em campos de internamento por seus amigos" (Arendt, 2007, p. 265). Arendt conseguiu escapar de Gurs durante o breve período em que os nazistas invadiram a França. Muitas das mulheres que não escaparam foram enviadas a Auschwitz por ordem de Adolf Eichmann. Quando foi internada, Arendt foi separada de Heinrich e de sua mãe. Ela teve sorte novamente porque conseguiu se juntar a eles, mais uma vez, devido a uma série de acasos felizes.

O desafio agora era como escapar da Europa como uma refugiada judia alemã apátrida ilegal. O problema era duplo: como conseguir um visto para os Estados Unidos e como sair da França e viajar para Portugal para pegar um navio com destino a Nova York. Há paralelos perturbadores entre as dificuldades kafkianas que os judeus europeus experimentaram e os horrendos obstáculos que os refugiados muçulmanos sírios enfrentam agora na busca por uma entrada legal nos Estados Unidos. Têm havido suspeita e hostilidade enormes dirigidas a esses refugiados em ambos os casos, além de restrições de vistos excessivamente severas. *Fortuna* (quase como se Arendt fosse protegida pela deusa) interveio novamente. Hannah e Heinrich conseguiram obter vistos com Varian Fry, que chefiava o Comitê de Resgate de Emergência em Marselha. Eles driblaram a polícia francesa, que os procurava, escaparam da França, cruzaram a Espanha e chegaram a Lisboa, onde esperaram três meses por um navio para levá-los aos Estados Unidos. Em maio de 1941, Arendt e seu marido chegaram a Nova York. A mãe de Hannah chegou um mês depois.

Retrospectivamente, podemos ver quão sortuda Arendt foi, como eventos casuais significaram a diferença entre a vida e a morte. Ela poderia ter sido assassinada em Berlim quando foi interrogada. Poderia não ter conseguido escapar de Gus, e, finalmente, ter sido enviada para Auschwitz. Ela poderia não ter conseguido um visto e, como tantos judeus retidos na França, ter sido enviada para um campo de concentração alemão. Arendt chegou a Nova York aos 35 anos, quase sem saber inglês. Sua língua materna era o alemão e ela sempre amou a língua alemã, especialmente a poesia. Antes de 1941, ela nunca havia estado em um país de língua inglesa. Mesmo assim, ela começou a dominar o idioma. Auxiliada por amigos que a ajudaram a "inglesar" seus escritos, ela começou a publicar artigos em periódicos judeus locais. Ela encontrou trabalho em organizações judaicas, incluindo a Comissão para a Reconstrução Cultural Judaica Europeia e conseguiu um cargo como editora sênior na Schocken Books.

Em 1944, ela apresentou à Houghton Mifflin Press uma proposta para um livro que se propôs a escrever. Ela o nomeou *Os Elementos da Vergonha: Antissemitismo – Imperialismo – Racismo*. Arendt passou os quatro anos seguintes trabalhando intensamente em seu livro e mudou de ideia várias vezes acerca de seu escopo e de seu conteúdo. Relativamente tarde no processo de escrita ela decidiu mudar o foco e lidar com o totalitarismo. Em 1951, foi publicado *Origens do Totalitarismo*, um livro de mais de 500 páginas densamente escritas. Em sua forma final, consistia em três partes principais: Antissemitismo, Imperialismo e Totalitarismo. *Origens* foi imediatamente reconhecido como uma contribuição decisiva para o estudo do totalitarismo. Na verdade, o título é enganoso porque pode levar a crer que Arendt está fornecendo um relato histórico das origens e causas do totalitarismo no século XX. Mas o projeto de Arendt é bastante diferente. Ela começou a desvendar os distintos "elementos subterrâneos" que se "cristalizaram" na horrível originalidade do totalitarismo. Como ocorreu com todos os seus principais escritos, a recepção de *Origens* foi controversa – e ainda é. Não obstante, consagrou-a como uma proeminente pensadora política. Nos vinte e cinco anos seguintes, Arendt continuou a publicar livros e coletâneas de ensaios provocativos, como: *A Condição Humana, Rahel Varnhagen, Entre o Passado e o Futuro, Eichmann em Jerusalém, Sobre a Revolução, Homens em Tempos Sombrios, Sobre a Violência, Crises da República* e (postumamente) *A Vida do Espírito*.

24 | Por Que Ler Hannah Arendt Hoje?

Desde sua morte, muitos dos seus manuscritos inéditos foram publicados e continuam a ser. Não pretendo fornecer uma visão geral de sua obra. Em vez disso, me concentrarei em um conjunto de temas centrais que são relevantes para problemas e perplexidades que estamos enfrentando hoje. Quero mostrar por que devemos ler Hannah Arendt hoje – como sua vida e sua obra iluminam os tempos sombrios atuais.

Apátridas e Refugiados

> Eu sempre acreditei que, não importa quão abstratas nossas teorias possam soar ou quão consistentes nossos argumentos possam parecer, há incidentes e estórias por trás deles que, pelo menos para nós mesmos, contêm em poucas palavras o significado completo de tudo que tenhamos a dizer. O próprio pensamento – na medida em que é mais do que uma operação técnica e lógica que as máquinas eletrônicas podem estar mais bem equipadas para executar do que o cérebro humano – surge da realidade dos incidentes, e os acontecimentos da experiência vivida têm de continuar a ser os pontos de referência pelos quais o pensamento se eleva ou vai às profundezas às quais têm de descer (Arendt, 2018, pp. 200-201).

Essa passagem revela uma profunda característica de Arendt como pensadora. Ela acreditava que pensamentos sérios deveriam estar fundamentados nas experiências vividas. A principal experiência de Arendt desde que escapou da Alemanha, fugiu da França e chegou a Nova York foi a de uma refugiada apátrida judia-alemã. Se Arendt não tivesse sido ajudada por organizações de refugiados, ela não teria recebido um visto ou ajuda financeira para viajar para os Estados Unidos. Quando ela chegou a Nova York, foi modestamente assistida por organizações de refugiados para se estabelecer. Ao longo de sua vida, muitos dos amigos mais próximos de Arendt também eram refugiados que haviam fugido dos nazistas. Sua experiência vivida como uma refugiada apátrida moldou seus primeiros pensamentos em Paris e Nova York. Arendt nos conta que, quando criança, ela mal se dava conta de seu judaísmo. Mas durante os anos 1920, ela se tornou consciente da crueldade do antissemitismo nazista. Em uma entrevista, refletindo sobre esse período de sua vida, ela escreveu: "Percebi o que, depois, expressei repetidamente na frase: se alguém é atacado como um judeu, deve se defender como um judeu. Não como um alemão, não como um cidadão do mundo, não como um defensor dos Direitos Humanos, ou como qualquer outra coisa" (Arendt, 1994, pp. 11-12).

Durante os anos 1930 e 1940, a maioria de seus escritos lidava com vários aspectos da Questão Judaica e do Sionismo. Ela se tornou uma colunista regular do jornal judeu alemão *Aufbau*, publicado em Nova York e lido principalmente por outros exilados judeus alemães. Ela defendeu fervorosamente a criação de um exército judaico internacional para lutar contra Hitler – mesmo antes da entrada dos Estados Unidos na Segunda Guerra Mundial. Em 1943, apenas dois anos depois de sua chegada a Nova York, ela publicou *Nós, refugiados* em uma obscura revista judaica. Arendt escreveu sobre refugiados com perspicácia, sagacidade, ironia e um profundo sentimento de melancolia. Ela começa o artigo declarando: "Em primeiro lugar, nós não gostamos de ser chamados de 'refugiados'. Nós mesmos nos chamamos de 'recém-chegados' ou 'imigrantes'" (Arendt, 2007, p. 264). Por um tempo, um refugiado era uma pessoa levada a buscar refúgio em razão de algum ato cometido ou por sustentar alguma opinião política. Mas isso agora mudou porque a maioria daqueles que fugiram nunca sonhou em sustentar opiniões radicais. Arendt declara que fomos forçados a nos tornar refugiados, não por conta do que fizemos ou dissemos, mas

28 | Por Que Ler Hannah Arendt Hoje?

porque os nazistas condenaram todos nós como membros da raça judaica. "Conosco, o significado do termo 'refugiados' mudou. Agora 'refugiados' são aqueles de nós que foram tão infelizes a ponto de chegarem em um novo país sem recursos e terem de ser ajudados por comitês de refugiados" (Arendt, 2007, p. 264). Muitos refugiados afirmavam ser otimistas, na esperança de construir novas vidas em um novo país. Zombando dos absurdos da aspiração a se ajustar rapidamente e a se assimilar a um novo país, Arendt nos conta a história do judeu alemão que, tendo chegado à França, "fundou uma dessas sociedades de adaptação na qual judeus alemães afirmavam uns aos outros que já eram franceses. Em seu primeiro discurso ele disse: 'Nós fomos bons alemães na Alemanha e, portanto, seremos bons franceses na França'. O público aplaudiu entusiasticamente e ninguém riu; estávamos felizes em termos aprendido como provar nossa lealdade" (Arendt, 2007, p. 272). Mas a triste verdade, Arendt afirma, era que nós perdemos nossas casas, perdemos nossas ocupações e perdemos nossa língua. Perdemos muitos de nossos familiares e amigos que foram mortos nos campos de concentração. Foi-nos dado o "conselho amigável" de esquecer e não falar sobre nosso passado de horrores. Ninguém quer ouvir sobre isso. Mas havia algo superficial e falso nesse otimismo professado. Tal otimismo poderia facilmente se transformar em pessimismo mudo – e, alguns de nós, até ligaram o gás e cometeram suicídio.

Arendt sabia que estava falando sobre fatos impopulares. Ela sentia que por trás da fachada da alegria otimista havia uma luta constante contra o desespero e uma

Apátridas e Refugiados | **29**

confusão profunda sobre identidade. Arendt sempre foi muito mais independente do que muitos de seus companheiros refugiados, mas ela escreveu:

> Quanto menos somos livres para decidir quem somos ou para viver como queremos, mais tentamos erigir uma fachada, esconder os fatos e representar papéis. Fomos expulsos da Alemanha porque éramos judeus. Mas mal tendo atravessado a fronteira francesa, fomos transformados em *boches* [gíria francesa para alemães – grifo meu]. Até nos disseram que tínhamos de aceitar essa designação se realmente éramos contra as teorias raciais de Hitler. Ao longo de sete anos, representamos o papel ridículo de tentar ser franceses – pelo menos, cidadãos em potencial; mas no começo da guerra fomos internados como *boches* da mesma forma. Enquanto isso, no entanto, a maioria de nós havia se tornado franceses tão leais que não podíamos sequer criticar uma ordem do governo francês; então declaramos que estava tudo bem certo em sermos internados. Fomos os primeiros *prisioneiros voluntários* que a história já viu. Depois que os alemães invadiram o país, o governo francês tinha apenas que mudar o nome da firma; tendo sido presos porque éramos alemães, não fomos libertados porque éramos judeus (Arendt, 2007, p. 270).

Arendt descreve, de forma muito clara, o destino conturbado dos judeus refugiados que foram chutados de um país para outro, mas ela estava preocupada com uma questão mais profunda. Ela queria compreender o fenômeno das massas de seres humanos apátridas e refugiados que

30 | Por Que Ler Hannah Arendt Hoje?

afligiu a Europa desde a Primeira Guerra Mundial. Ela conclui *Nós, Refugiados* com uma afirmação mais geral sobre as consequências políticas desse novo fenômeno de massas. "Os refugiados conduzidos de país a país representam a vanguarda de seus povos – se mantiverem sua identidade. Pela primeira vez, a história judaica não está separada, mas amarrada àquela de todas outras nações. A cooperação dos povos europeus se fez em pedaços quando, e porque, permitiu que seu membro mais fraco fosse excluído e perseguido" (Arendt, 2007, p. 274).

Nós, Refugiados, baseado nas experiências pessoais de Arendt com seus companheiros refugiados, levanta questões fundamentais sobre a condição de apátridas e refugiados. Ela aborda isso de forma mais direta em um notável capítulo de *Origens*, "O Declínio do Estado-nação e o Fim dos Direitos do Homem". A condição de apátrida é "o mais recente fenômeno de massas da história contemporânea, e a existência de um novo grupo humano, em contínuo crescimento, constituído de pessoas apátridas [é] o grupo mais sintomático na política contemporânea" (Arendt, 1976, p. 277).

> A culpa da sua existência não pode ser atribuída a um único fator, mas, se considerarmos os diferentes grupos entre os apátridas, parece que *cada evento político, desde o fim da Primeira Guerra Mundial, inevitavelmente acrescentou uma nova categoria aos que já viviam fora do âmbito da lei*, sem que nenhuma categoria, não importa quanto a constelação original tenha sido alterada, jamais pudesse ser devolvida à normalidade (Arendt, 1976, p. 277, *grifo meu*).

Quando Arendt escreveu isso, dificilmente poderia ter percebido quão relevantes suas observações seriam para a segunda década do século XXI. Quase todos os eventos políticos significativos durante os últimos cem anos resultaram na multiplicação de novas categorias de refugiados. Arendt focou principalmente nos refugiados europeus, mas esse fenômeno hoje é global. Parece não haver um fim à vista para o aumento de refugiados em números e categorias. Há (com muitas poucas exceções) uma crescente resistência das nações soberanas em aceitar refugiados. Existem milhões de pessoas em campos de refugiados com pouca esperança de que possam retornar a seus lares ou encontrar uma nova casa. Arendt foi uma das primeiras grandes pensadoras políticas a alertar que as sempre crescentes categorias e números de apátridas e refugiados seriam o grupo mais sintomático na política contemporânea.

Arendt relaciona o começo do fenômeno de massa dos apátridas com o declínio do Estado-nação. O termo "Estado-nação" é usado hoje de forma geral para identificar nações soberanas que governam territórios delimitados, mas Arendt usa a expressão de uma forma muito mais precisa. O moderno Estado-nação surgiu na Europa, no final do século XVIII. Ela cuidadosamente distingue "nação" de "Estado". "Nação" refere-se ao grupo dominante, com sua cultura, sua língua e sua história compartilhadas vivendo em um território delimitado. "Estado" refere-se ao *status legal* de pessoas que vivem em um território – que são consideradas cidadãs com direitos legais. Desde as origens do moderno Estado-nação houve uma tensão entre nação e Estado. Foram levantadas questões acerca de quais pessoas

32 | Por Que Ler Hannah Arendt Hoje?

seriam concebidas como "verdadeiros" membros de uma nação – quais pessoas vivendo em um território seriam consideradas cidadãs a terem direito aos direitos legais e quais seriam excluídas como não cidadãs. Esse problema foi exacerbado com os Tratados das Minorias estabelecido depois da Primeira Guerra Mundial. Esses tratados eram presumivelmente instituídos para proteger minorias vivendo nos Estados-nações recém-criados na Europa Central e Oriental. Mas esses tratados afirmavam em linguagem clara o que se tornava cada vez mais evidente, "que apenas os nacionais poderiam ser cidadãos, apenas as pessoas da mesma origem nacional poderiam gozar da completa proteção de instituições legais, que pessoas de diferentes nacionalidades precisavam de alguma lei de exceção até que, ou ao menos que, fossem completamente assimiladas e separadas de suas origens" (Arendt, 1976, p. 275). Arendt expôs a hipocrisia e o fracasso dos Tratados das Minorias. Não havia simplesmente nenhum mecanismo internacional ou estatal efetivo para proteger os direitos das minorias. O resultado prático desses tratados foi acrescentar novas categorias de pessoas apátridas – minorias que fugiam da perseguição em seus países "de origem". Com efeito, nação e nacionalismo triunfaram sobre o Estado e a proteção de direitos legais. O perigo desse desdobramento era inerente à estrutura do Estado-nação desde seu início. Na medida em que o estabelecimento dos Estados-nações coincidiu com o estabelecimento de governos constitucionais, eles se baseavam no Estado de Direito em vez de se fundamentarem em administração arbitrária e despotismo. "De modo que, ao se romper o precário equilíbrio entre a nação e o Estado,

Apátridas e Refugiados | 33

entre o interesse nacional e as instituições legais, ocorreu com espantosa rapidez a desintegração dessa forma de governo e de organização espontânea de povos" (Arendt, 1976, p. 275). Mais uma vez, há um inquietante paralelo entre o precário equilíbrio entre nação e estado que Arendt descreve e o que está acontecendo hoje com o surgimento de formas repugnantes de nacionalismo. Partidos de direita proclamam que apenas aqueles que "verdadeiramente" pertencem a uma cultura nacional merecem plenos direitos legais. Apenas "verdadeiros franceses", "verdadeiros poloneses", "verdadeiros húngaros" e "verdadeiros americanos" merecem plena proteção legal pelo Estado.

Há ainda um estágio ulterior na desintegração do Estado-nação que se tornou dominante nos países totalitários, mas que também foi evidente nos países não totalitários. Isso aconteceu quando as pessoas nascidas em um Estado-nação foram "desnacionalizadas". Esse foi o destino dos judeus na Alemanha muito antes da solução final de extermínio. Assim que Hitler assumiu o poder, toda espécie de lei foi aprovada despindo os judeus (e outras "minorias indesejáveis") de direitos jurídicos. Nações soberanas sempre reivindicaram um direito "absoluto" sobre questões de imigração, naturalização e expulsão. Desnacionalização não foi um programa sistemático exclusivo dos nazistas; não havia quase nenhum país na Europa que não tivesse aprovado uma nova legislação que permitisse às nações se livrar ou excluir habitantes "indesejados". Muitas pessoas se declaram chocadas com a política de desnaturalização levada a cabo pelos nazistas, mas em nossos tempos muitas nações soberanas estão instituindo políticas que têm o mesmo efeito prático. Falando diretamente, de uma perspectiva legal restrita, crianças trazidas aos Estados Unidos por pais sem documentos não são cidadãs dos EUA. Entretanto, encerrar um programa (p. ex.: DACA[1]) que permite que essas crianças possam crescer, ser educadas e trabalhar nos Estados Unidos da América, e então deportá-las para países onde elas nunca viveram, tem o mesmo efeito prático da desnacionalização.

Ao ler Arendt hoje sobre as tensões entre nação e Estado, a sempre crescente massa de refugiados, a difícil situação dos refugiados que não conseguem encontrar um país para aceitá-los, a proliferação de campos de refugiados e de internamento, há uma estranha sensação de relevância contemporânea. As categorias, causas e regiões onde existem refugiados hoje, são certamente diferentes. Contudo, continua a ser verdade que eventos políticos acrescentam novas massas de pessoas apátridas e refugiadas. Refugiados ainda são o grupo mais sintomático na política contemporânea. A despeito do aumento de organizações internacionais e ONGs preocupadas com os refugiados e os direitos humanos, as nações soberanas ainda

---

[1] DACA é a sigla para *Deferred Action for Childhood Arrivals*. Trata-se de uma política de imigração dos EUA criada em 2012, no governo de Barack Obama e suspendida em 2017 por Donald Trump. Ela concede autorização temporária para morar, trabalhar e dirigir nos EUA aos que entraram no país de forma ilegal quando criança. Essa autorização era de dois anos e poderia ser renovada. A política, contudo, não garantia residência nem cidadania (NT).

defendem ferozmente seu direito "absoluto" de determinar quem eles aceitarão e quem não aceitarão como refugiados; todo tipo de subterfúgio é utilizado para afastar os refugiados. Hoje, tem-se abusado do próprio conceito de soberania; ele é utilizado principalmente para excluir refugiados "indesejáveis". A única "solução" para a atual crise tem sido a criação de mais e maiores campos de refugiados. Existem hoje milhões de pessoas – muito mais do que quando Arendt escreveu *Origens do Totalitarismo* – morando em campos de refugiados com pouca esperança de que um dia poderão deixá-los. Este é o único "país" que o mundo tem a oferecer àqueles que fogem da turbulência das guerras, da perseguição e da miséria da extrema pobreza e da fome. Em suma, praticamente todos os problemas que Arendt destacou sobre apatridia e crise de refugiados continua a nos atormentar – na verdade, eles foram intensificados e exacerbados.

O Direito a Ter Direitos

38 | Por Que Ler Hannah Arendt Hoje?

O *status* de refugiado apátrida levanta questões difíceis sobre os chamados "Direitos do Homem", os direitos inalienáveis e os direitos humanos. Arendt fala de perplexidades porque quer identificar os problemas sobre os quais temos de *pensar*. Ela percebia que a maioria das pessoas realmente não quer pensar – essas pessoas preferem ignorar questões políticas difíceis ou usar clichês para encobri-las e descartá-las. Ela aponta perplexidades perturbadoras sobre a própria ideia de direitos humanos. A declaração francesa dos Direitos do Homem e a proclamação estadunidense de direitos "inalienáveis", ambas pronunciadas no final do século XVIII, foram pontos significativos e positivos de virada na história. "Significava nada mais nem menos que a partir de então, o Homem deveria ser a fonte da Lei, e não o mandamento de Deus ou os costumes da história" (Arendt, 1976, p. 290).

> Como os direitos do homem foram declarados "inalienáveis", irredutíveis e indedutíveis de outros direitos e leis, nenhuma autoridade foi invocada para seu estabelecimento; o próprio Homem era sua fonte e seu objetivo final. Além disso, nenhuma lei especial foi considerada necessária para protegê-los, pois se supunha que todas as leis se baseavam neles. O homem apareceu como o único soberano em questões de lei, enquanto o povo era proclamado o único soberano em questões de governo (Arendt, 1976, p. 291).

Havia um paradoxo envolvido nas declarações de "direitos inalienáveis" porque esses direitos eram atribuídos a um ser humano abstrato (Homem) desconectado dos reais indivíduos concretos históricos. Nem os franceses nem os estadunidenses pretendiam que esses direitos se aplicassem a todos os seres humanos – nem mesmo a todos os seres humanos vivendo em seus territórios. Apesar dessas nobres proclamações sobre a dignidade intrínseca de todo ser humano, logo ficou evidente que a questão dos direitos humanos se misturava à questão da emancipação nacional. Só então poderia haver um governo que pudesse proteger esses direitos inalienáveis para seus cidadãos. "Os Direitos do Homem foram, afinal, definidos como 'inalienáveis' porque se supunha serem independentes de todos os governos; mas descobriu-se que no momento em que os seres humanos careciam de seu próprio governo e tiveram de retroceder a seus direitos mínimos, nenhuma autoridade restou para protegê-los e nenhuma instituição estava disposta a garanti-los" (Arendt, 1976, pp. 291-292). Da perspectiva daqueles que sofreram a perda de seus direitos legais e civis, a perda desses direitos significou a efetiva perda dos direitos inalienáveis. Os Direitos do Homem, que "presumivelmente" são universais e inalienáveis, revelaram-se inexequíveis – e continuam a revelar-se – mesmo nos países cujas constituições se baseiam neles. Embora isso seja perturbador por si só, há um problema adicional. Apesar das tentativas de organizações internacionais, como as Nações Unidas, de especificar o que são esses direitos humanos, ainda existem fortes discordâncias e confusão sobre o que são precisamente os direitos humanos inalienáveis. O movimento internacional de direitos humanos se desenvolveu enormemente, desde meados do século XX. Agora, existem muitas organizações internacionais e nacionais preocupadas com abusos generalizados que privam as pessoas de seus direitos humanos. No entanto, em um nível mais profundo, os problemas que Arendt identifica em relação a como garantir e proteger direitos inalienáveis continuam a persistir.

A mistura apaixonada de Arendt, integrando sua própria experiência pessoal como judia alemã apátrida com seu pensamento sobre o significado maior de pessoas apátridas e refugiados, é pungentemente ilustrada em sua descrição perspicaz da aflição dos sem-direitos. "A primeira perda que os sem-direitos sofreram foi a perda de seus lares, e isso significou a perda de toda a textura social na qual nasceram e em que estabeleceram para si um lugar distinto no mundo" (Arendt, 1976, p. 293). Ao longo da história as pessoas foram arrancadas de suas casas. "O que é sem precedentes não é a perda de um lar, mas a impossibilidade de encontrar um novo. De repente, não havia lugar na terra onde os migrantes pudessem ir sem as mais severas restrições, nenhum país onde seriam assimilados, nenhum território onde pudessem fundar uma nova comunidade própria" (Arendt, 1976, p. 293). Essa foi a experiência da maioria dos judeus europeus durante o período nazista. Hoje, porém, essa experiência está sendo repetida em todo o mundo nas vidas de pessoas que tentam escapar das guerras, matanças e turbulências em seus países de origem. Todo tipo de medidas desonestas está sendo adotado para impedir a entrada dessas pessoas.

O Direito a Ter Direitos | **41**

A segunda perda dos sem-direitos é a perda de qualquer proteção governamental. Isso também não é inédito. Há uma longa tradição de conceder asilo a indivíduos que foram perseguidos e cujas vidas estão ameaçadas se forem forçados a retornar aos seus países de origem. O problema hoje é que mesmo os países que ainda concedem asilo têm sido sobrecarregados pelo enorme número de indivíduos buscando asilo. O asilo é uma prática destinada a casos individuais excepcionais, não a massas de refugiados. O que Arendt escreveu sobre refugiados apátridas durante o período nazista é ainda mais impressionante hoje. Ser forçado a deixar o próprio país tem pouco a ver com o que se fez ou pensou. A verdadeira calamidade dos sem-direitos não é apenas a de que eles perderam seus lares e a proteção do governo, mas a de que eles não pertencem mais a qualquer comunidade. Arendt descreve a "lógica" horripilante do ato de despir as pessoas de seus direitos quando relata o que aconteceu na Alemanha nazista.

A calamidade dos sem-direitos não é a de eles serem privados da vida, da liberdade e da busca da felicidade, ou da igualdade perante a lei e da liberdade de opinião – fórmulas que foram concebidas para resolver problemas *dentro* de determinadas comunidades –, mas a de que não pertencem mais a qualquer comunidade. Sua aflição não é a de não serem iguais perante a lei, mas a de não existir lei para eles, não a de serem oprimidos, mas a de ninguém querer sequer oprimi-los. Somente no último estágio de um processo bastante longo seu direito a viver é ameaçado; somente se permanecerem "supérfluos", se não for possível encontrar alguém para

42 | Por Que Ler Hannah Arendt Hoje?

> "reivindicá-los", suas vidas podem estar em perigo. Mesmo os nazistas começaram o extermínio dos judeus primeiramente privando-os de todo *status* legal (o *status* de cidadania de segunda classe) e separando-os do mundo dos vivos, arrebanhando-os em guetos e em campos de concentração; e antes de acionar as câmaras de gás, testaram cuidadosamente o terreno e descobriram, para sua satisfação, que nenhum país reivindicaria essas pessoas. O ponto é que uma condição de completa privação de direitos foi criada antes que o direito de viver fosse contestado (Arendt, 1976, pp. 295-296).

Arendt destaca o que é tão assustador em relação às massas cada vez maiores de refugiados vivendo em campos de refugiados. Milhões de pessoas, agora, são tratadas como se fossem supérfluas. Embora regimes totalitários como a Alemanha nazista e a União Soviética de Stalin não existam mais, devemos reconhecer que há uma linha muito tênue entre privar as pessoas de todos os direitos e privá-las da própria vida. A "solução" totalitária para a superfluidade ainda nos assombra em um mundo onde milhões de pessoas são tratadas como supérfluas.

> A privação fundamental dos direitos humanos manifesta-se antes e acima de tudo na privação de um lugar no mundo que torna significativas as opiniões e efetivas as ações. Algo muito mais fundamental do que a liberdade e a justiça, que são direitos de todos os cidadãos, está em jogo quando o pertencimento à comunidade na qual alguém nasce não é mais uma questão de escolha... Esse ponto extremo, e nada mais, é a situação

O Direito a Ter Direitos | 43

das pessoas privadas de direitos humanos. Eles são privados não do direito à liberdade, mas do direito à ação, não do direito de pensar o que bem entenderem, mas do direito à opinião (Arendt, 1976, p. 296).

Em suma, embora os Direitos do Homem e o apelo a direitos inalienáveis tenham desempenhado um papel importante nas revoluções francesa e americana, Arendt desconfia profundamente do apelo aos direitos humanos abstratos – de modo que não haja instituições eficazes para garanti-los e protegê-los. Arendt afirma que o direito mais fundamental é o "direito a ter direitos", e isso significa o direito de pertencer a algum tipo de comunidade organizada onde os direitos são garantidos e protegidos.

Não a perda de direitos específicos, portanto, mas a perda de uma comunidade disposta e capaz de garantir quaisquer direitos tem sido a calamidade que tem acometido um número cada vez maior de pessoas. Acontece que o homem pode perder todos os chamados "direitos do homem" sem perder sua qualidade essencial como homem, sua dignidade humana. *Somente a perda de uma comunidade política (polity) o expulsa da humanidade* (Arendt, 1976, p. 297, grifo meu).

Nestas passagens sobre o direito a ter direitos – o direito de pertencer a uma comunidade que garante e protege seus cidadãos, uma comunidade onde indivíduos podem expressar e compartilhar opiniões e onde se pode agir coletivamente com outros seres humanos –

44 | Por Que Ler Hannah Arendt Hoje?

discernimos as origens dos principais temas em seu pensamento político. Ela antecipa sua investigação sobre a pluralidade, a ação, o discurso, o espaço público, a constituição de poder (*empowerment*) e a liberdade pública – a teia de conceitos que constitui o tipo de política em que alguém pode expressar sua humanidade completa. Ela retorna repetidamente ao que significa viver em uma comunidade política como esta.

Em *Origens do Totalitarismo* ela volta a esses temas em sua análise da dominação total que os regimes totalitários buscam alcançar. Ao se "debruçar sobre os horrores" do totalitarismo e examinar o que os regimes totalitários procuravam destruir nos seres humanos, Arendt chegou a uma análise aprofundada sobre o que é necessário para a expressão de nossa humanidade. Quando Arendt apreende o significado de dominação total, ela começa sua análise afirmando que os campos de concentração e de extermínio "servem como laboratórios nos quais está sendo verificada a crença fundamental do totalitarismo de que tudo é possível" (Arendt, 1976, p. 437). Os regimes totalitários visam destruir a infinita pluralidade e diferenciação dos seres humanos. "Os campos destinam-se não apenas a exterminar as pessoas e degradar seres humanos, mas também a servir ao macabro experimento de eliminar, sob condições cientificamente controladas, a própria espontaneidade como uma expressão do comportamento humano e de transformar a personalidade humana em uma mera coisa" (Arendt, 1976, p. 438). Arendt descreve um modelo em três estágios da "lógica" da dominação total. O primeiro estágio do processo de dominação total é matar a pessoa jurídica no

O Direito a Ter Direitos | **45**

indivíduo. Isso acontece quando as pessoas são despojadas de seus direitos legais. Essa é a política que os nazistas iniciaram muito antes da "Solução Final". As infames leis de Nuremberg privavam sistematicamente os judeus e outros "indesejáveis" de seus direitos. Nos campos de concentração, ninguém tinha absolutamente nenhum direito. Privar as pessoas de seus direitos jurídicos é apenas o começo da lógica da dominação total.

O segundo estágio na preparação de cadáveres vivos é o assassinato da pessoa moral. Isso ocorre quando até o martírio se torna impossível. O terror totalitário alcançou seu mais terrível triunfo quando mesmo as decisões de consciência se tornaram impossíveis.

> Quando um homem se depara com a alternativa entre trair e com isto assassinar seus amigos ou enviar sua esposa e filhos – por quem ele é responsável em todos os sentidos – para a morte; quando até o suicídio significaria o assassinato imediato de sua própria família, como ele vai decidir? A alternativa não é mais entre o bem e o mal, mas entre assassinato e assassinato. Quem poderia resolver o dilema moral da mãe grega a quem os nazistas permitiram escolher qual dos seus três filhos deveria ser morto? (Arendt, 1976, p. 452)

Mas isso ainda não é o pior. Ainda existe um terceiro estágio nessa "lógica" da dominação total. Após o assassinato da pessoa jurídica e o assassinato da pessoa moral, a única coisa que ainda impede os seres humanos de se tornarem cadáveres vivos é sua espontaneidade e sua

46 | Por Que Ler Hannah Arendt Hoje?

diferenciação individual. "Após o assassinato da pessoa moral e a aniquilação da pessoa jurídica, a destruição da individualidade é quase sempre bem-sucedida... Pois destruir a individualidade é destruir a espontaneidade, o poder do ser humano de começar algo novo com seus próprios recursos, algo que não pode ser explicado com base nas reações ao ambiente e aos eventos" (Arendt, 1976, p. 455). O objetivo final do totalitarismo é converter os seres humanos em seres humanos supérfluos. "O que as ideologias totalitárias visam, portanto, não é a transformação do mundo exterior ou a transmutação revolucionária da sociedade, mas a transformação da própria natureza humana" (Arendt, 1976, p. 458). O foco de Arendt na eliminação da espontaneidade, da individualidade e da pluralidade humanas – transformando sistematicamente os seres humanos em "cadáveres vivos" – lembra a figura do muçulmano (*Muselmann*) nos campos da morte. Primo Levi oferece uma descrição vívida desse fenômeno, que ele experimentou em Auschwitz.

> Sua vida é curta, mas seu número é incessante; eles são os muçulmanos (*Muselmänner*), os afogados, formam a espinha dorsal do campo, uma massa anônima, continuamente renovada e sempre idêntica aos não seres humanos que marcham e trabalham em silêncio, a centelha divina morta por dentro deles, já vazios demais para realmente sofrer. Hesita-se em chamá-los viventes; hesita-se em chamar sua morte de morte, em face da qual eles não têm medo, pois estão cansados demais para entender.

> Eles apinham minha memória com sua presença sem rosto, e se eu pudesse abarcar todo o mal do nosso tempo em uma imagem, escolheria essa imagem que me é familiar: um ser humano emaciado, com a cabeça tombada e os ombros curvados, em cujo rosto e em cujos olhos não se vê um traço de pensamento (Levi, 1996, p. 56).

Embora não tenha empregado a expressão "muçulmano" (*Muselmann*), Arendt achava que esses "cadáveres vivos" personificam uma forma sem precedentes de mal absoluto ou radical. Nada temos a que recorrer para entender esse fenômeno que nos confronta com sua realidade avassaladora e demole todos os padrões que conhecemos. "Há apenas uma coisa que parece discernível: podemos dizer que o mal radical emergiu em conexão com um sistema no qual todos os homens se tornaram igualmente supérfluos" (Arendt, 1976, p. 459). A análise de Arendt da "lógica" da dominação total está intimamente relacionada à sua preocupação com as consequências da criação de categorias sempre novas de refugiados apátridas supérfluos. Ela conclui sua discussão sobre a dominação total com uma advertência – uma advertência que devemos receber com a maior seriedade hoje.

> O perigo das fábricas de cadáveres e os poços de esquecimento é que hoje, com o crescimento das populações e dos sem-teto em toda parte, massas de pessoas são continuamente tornadas supérfluas se continuamos

48 | Por Que Ler Hannah Arendt Hoje?

> a pensar em nosso mundo em termos utilitários. Em toda parte eventos políticos, sociais e econômicos estão em silenciosa conspiração com instrumentos totalitários inventados para tornar os seres humanos supérfluos... Os nazistas e os bolcheviques podem ter certeza de que suas fábricas de aniquilação, que demonstraram ser a solução mais rápida para o problema da superpopulação de massas humanas economicamente supérfluas e socialmente desenraizadas, são tanto uma atração quanto uma advertência (Arendt, 1976, p. 459).

A frase mais perturbadora de *Origens do Totalitarismo* é a última frase da seção "Dominação Total": "as soluções totalitárias podem muito bem sobreviver à queda dos regimes totalitários na forma de fortes tentações que surgirão onde quer que pareça impossível aliviar a miséria política, social e econômica de uma maneira digna do homem" (Arendt, 1976, p. 459). Arendt, que sempre insistiu que o pensamento exigia fazer distinções claras, argumenta que o totalitarismo era um movimento e um regime sem precedentes – não deve ser confundido com governos autoritários, ditadura ou tirania. Nenhum outro regime na história jamais se engajou em um projeto comparável de dominação total sistemática com o propósito de destruir qualquer vestígio humano de individualidade, de espontaneidade e de pluralidade. Nenhum outro regime procurou transformar seres humanos em algo que não é humano. Ao longo da história houve massacres e genocídios, mas o que ela considerou distintivo sobre o totalitarismo é a tentativa sistemática de transformar a própria natureza humana – para mostrar que tudo é possível. O totalitarismo como forma de governo pode ter acabado com a derrota dos nazistas e o colapso da União Soviética, mas as "soluções" totalitárias foram – e continuam a ser – fortes tentações. Testemunhamos isso nos genocídios e no emprego (assim como na justificativa) da tortura desde a queda dos regimes totalitários. Com a crescente adição de massas de apátridas e de refugiados em todo o mundo que são tratados como se fossem supérfluos, devemos levar a sério a advertência de Arendt de que há uma linha frágil entre destruir o direito a ter direitos e destruir a própria vida.

Oposição Leal: a Crítica de Arendt ao Sionismo

52 | Por Que Ler Hannah Arendt Hoje?

Quando Arendt fugiu da Alemanha em 1933, sua maior decepção teve origem na forma pela qual muitos de seus amigos e conhecidos toleraram ou colaboraram com os nazistas. *Gleichschaltung* (coordenação) era a regra entre intelectuais. Ela achava isso repulsivo e tomou a decisão, quando deixou a Alemanha, de se tornar ativa na oposição aos nazistas. Ela se perguntou o que ela poderia fazer como uma judia. "Pertencer ao Judaísmo passou a ser problema meu, e meu próprio problema era político. Apenas político! Eu queria partir para o trabalho prático, trabalho único e exclusivamente judaico. Com isso em mente, fui então procurar trabalho na França" (Arendt, 1994, p. 12). Arendt nunca se filiou a nenhum partido sionista e nunca considerou Aliyah ("ir" ou retornar) à Palestina. Quando estava morando em Paris, contudo, ela trabalhou para a Juventude Aliyah, organização que enviava jovens judeus europeus em situação de risco para a Palestina. Ela chegou a acompanhar um grupo de estagiários da Juventude Aliyah à Palestina em 1935. A motivação de Arendt para trabalhar com os sionistas era que eles, diferentemente dos judeus *parvenus* e assimilacionistas, eram ativos politicamente na oposição a Hitler e aos nazistas. A atração de Arendt pelo sionismo na década de 1930 era moldada mais por Bernard Lazare do que por sionistas mais proeminentes como Theodor Herzl ou Chaim Weizmann. Lazare envolveu-se no relato e na defesa do caso Dreyfus contra mentiras fabricadas. Lazare pertencia ao que Arendt chamava de "a tradição oculta do judeu pária" – uma tradição que inclui Heinrich Heine, Charlie Chaplin (que, na verdade, não era judeu, mas que personificou a mentalidade cômica do judeu pária), Bernard

Lazare e Franz Kafka. O que distinguia Lazare é que ele era um "pária consciente", um rebelde que acreditava que o povo judeu deveria se juntar a outros grupos para lutar contra a injustiça.

> Vivendo na França do caso Dreyfus, Lazare pôde apreciar em primeira mão a qualidade de pária da existência judaica. Mas ele sabia onde estava a solução: em contraste com seus irmãos não emancipados que aceitam seu *status* de pária automática e inconscientemente, o judeu emancipado tem de despertar para uma percepção de sua posição e, consciente dela, rebelar-se contra ela – o defensor de um povo oprimido. Sua luta por liberdade é parte integrante daquilo em que todos os oprimidos da Europa devem se engajar para atingirem a libertação nacional e social (Arendt, 2007, p. 283).

Arendt mesma era uma "pária consciente" na tradição de Lazare. Ela também acreditava que devemos nos juntar aos outros para lutar por justiça e liberdade. Esta é a principal razão de sua decisão inicial de atuar com os sionistas. Mas a situação mudou na década de 1940. Enquanto os detalhes pavorosos do assassinato em massa dos judeus estavam sendo revelados, havia uma simpatia internacional crescente pela situação dos judeus europeus. Ao mesmo tempo, os britânicos, a quem a Liga das Nações havia designado o mandato sobre a Palestina, estavam enfrentando tumultos, terrorismo e revoltas por parte tanto de judeus quanto de árabes. Eles estavam ávidos por desistir do mandato e sair da Palestina. Os sionistas viram isso como uma oportunidade para criar um Estado Judeu.

54 | Por Que Ler Hannah Arendt Hoje?

O que perturbava Arendt nas declarações dos sionistas era o fato de ignorarem cada vez mais a questão árabe – o fato de que a maioria das pessoas que vivia na Palestina era de árabes e não de judeus. Arendt nunca hesitou em expressar suas opiniões na linguagem mais severa possível. Ela objetou com veemência ao programa que os sionistas adotaram em 1942, segundo o qual foi proposto que os judeus na Palestina concedessem direitos de minoria à população majoritária (árabes). Argumentou que, durante cinquenta anos, desde a primeira Aliyah sionista até a Palestina, os sionistas ignoraram, obscureceram e suprimiram a explosiva questão das relações entre judeus e árabes na Palestina. A crítica mais incisiva de Arendt ao sionismo foi provocada por uma resolução adotada por unanimidade na reunião de outubro de 1944 dos sionistas americanos (e depois confirmada pela Organização Sionista Mundial). A resolução pedia o estabelecimento de uma "comunidade (*commonwealth*) judaica livre e democrática... [que] deve abarcar toda a Palestina, indivisa e inalterada" (Arendt 2007, p. 343). Para Arendt, essa foi a gota d'água. Foi um ponto de inflexão decisivo na história sionista, na qual sionistas moderados renderam-se completamente aos revisionistas mais extremistas.

O artigo que ela escreveu, "Sionismo Reconsiderado", condenando a resolução, foi mais veemente do que qualquer coisa que ela havia escrito anteriormente sobre questões judaicas ou sionistas. Ela empregou todas as suas habilidades retóricas – ironia, sarcasmo, desprezo e denúncia contundente. Sua cólera foi provocada por sua raiva e decepção com os ideólogos sionistas mais extremos. A linguagem de "Sionismo Reconsiderado" era tão inflamada que o jornal intelectual judeu *Commentary* se recusou a publicá-lo. Por fim, foi publicado no *Menorah Journal*. Arendt sabia que sua voz era minoritária e que sua opinião controversa estava sendo abafada pelos outros, mas isso não a deteve. Ela queria uma discussão honesta e franca sobre questões árabe-judaicas em um momento em que a maioria dos sionistas se recusava a enfrentar a realidade. Uma de suas citações favoritas, que ela citava com frequência, tornou-se um lema: *victrix causa diis placuit, sed victa Catoni* ("a causa vitoriosa agrada aos deuses, mas a derrotada agrada a Catão"). Esta frase assumiu um significado especial para Arendt. Não apenas a causa vitoriosa agrada aos deuses, mas os historiadores – especialmente, os historiadores modernos – foram esmagadoramente propensos a dar peso às causas e movimentos "vitoriosos" na história. Hannah Arendt, como Walter Benjamin, que influenciou profundamente seu pensamento, criticou essa propensão – na qual a história é considerada uma narrativa de vitórias "progressivas".

Arendt sabia por experiência própria como era expressar uma opinião divergente – estar entre a "oposição leal" – apenas para ser silenciada ou condenada por traição. Como Bernard Lazare – muito antes da controvérsia Eichmann – Arendt estava se tornando pária em seu próprio povo. Ela ficou contrariada não apenas com a virada dos sionistas para o revisionismo extremo, mas, também, com as crescentes pressões em direção à conformidade ideológica. Em sua busca pelo sentido e pela dignidade da política, ela destaca a importância do debate público de

56 | Por Que Ler Hannah Arendt Hoje?

opiniões divergentes. A tendência à unanimidade ideológica – a substituição de diferentes perspectivas em um mundo comum por uma única "verdade" de uma ideologia – é a tendência mais ameaçadora no mundo contemporâneo. Essa é a tendência que foi "aperfeiçoada" pelos movimentos totalitários mediante o uso do terror. Em seu artigo "Para Salvar a Pátria Judaica", escrito depois que as hostilidades entre judeus e árabes irromperam, ela escreveu:

> A unanimidade da opinião é um fenômeno ameaçador, e uma característica de nossa moderna era das massas. Destrói a vida social e pessoal, que é baseada no fato de que somos diferentes por natureza e por convicção. Ter opiniões diferentes e estar consciente de que outras pessoas pensam de forma diferente a respeito do mesmo assunto nos defende da certeza divina que interrompe toda discussão e reduz as relações sociais àquelas de um formigueiro. Uma opinião pública unânime tende a eliminar fisicamente aqueles que divergem, pois a unanimidade da massa não é o resultado da concordância, mas uma expressão de fanatismo e histeria. Em contraste com a concordância, a unanimidade não se detém em certos objetos bem-definidos, mas se espalha como uma infecção em todas as questões relacionadas (Arendt, 2007, pp. 391-392).

Quando eu me voltar para a discussão explícita da concepção positiva de Arendt acerca da política e da liberdade pública, veremos quão centrais esse conflito e esse debate sobre uma pluralidade de opiniões são para sua compreensão positiva da política. Mas, aqui enfatizo como o

Oposição Leal: a Crítica de Arendt ao Sionismo | 57

pensamento dela sobre a política está ancorado em sua experiência de discordar da unanimidade ideológica sionista.

Arendt defendeu a criação de uma *pátria* judaica na Palestina, *não* um Estado-nação judeu. Uma pátria judaica seria um lugar onde a cultura judaica poderia crescer e florescer, um lugar no qual os judeus aprenderiam a viver com os árabes em uma comunidade conjunta, onde todos os cidadãos teriam direitos iguais. Para a maioria dos sionistas da época, essa não era apenas uma proposta utópica absurda; era um ato de traição. Eles não viam alternativa ao sonho dos sionistas de fundar um Estado-nação judeu. Arendt antecipou que a criação de um Estado judeu fomentaria o nacionalismo militante tanto entre os judeus quanto entre os árabes.

No dia 29 de novembro de 1947, a Assembleia Geral da recém-criada Nações Unidas votou a favor da divisão da Palestina. O problema que atormentou a antiga Liga das Nações também atormentaria a Organização das Nações Unidas. Não havia indicação clara sobre como essa divisão seria instituída e executada. Logo após a votação, eclodiu uma guerra entre judeus palestinos e seus diversos inimigos árabes. Arendt estava plenamente consciente da longa história de tumultos e violência entre árabes e judeus na Palestina. Contudo, em 1948, quando os combates ainda eram intensos, ela escreveu: "A ideia da cooperação judaico-árabe, embora nunca realizada em nenhuma escala e parecendo hoje mais distante do que nunca, não é um devaneio idealístico, mas uma afirmação sóbria do fato de que, sem ela, toda a aventura judaica na

58 | Por Que Ler Hannah Arendt Hoje?

Palestina está condenada" (Arendt, 2007, p. 396). Arendt expressou sua simpatia por Judah Magnes, presidente da Universidade Hebraica que liderou um pequeno partido, *Ihud* (Unidade), composto principalmente por intelectuais (incluindo Martin Buber). Arendt compartilhava de sua visão de um país unificado, com judeus e árabes vivendo juntos. Mesmo quando a guerra entre judeus e árabes eclodiu e o desfecho ainda não estava claro, Arendt fez uma previsão assustadora do que poderia acontecer, mesmo que os judeus vencessem a guerra.

> E mesmo se os judeus ganhassem a guerra, quando ela terminasse as possibilidades e realizações únicas do sionismo na Palestina estariam destruídas. A terra que passaria a existir seria algo completamente diferente do sonho da comunidade judaica mundial, sionista e não sionista. Os judeus "vitoriosos" viveriam cercados por uma população árabe totalmente hostil, isolados dentro de fronteiras constantemente ameaçadas, absorvidos pela autodefesa física em um nível que engolfaria todos os outros interesses e atividades. O crescimento de uma cultura judaica deixaria de ser a preocupação de todo o povo; os experimentos sociais teriam de ser descartados como luxos impraticáveis; o pensamento político giraria em torno da estratégia militar; o desenvolvimento econômico seria determinado exclusivamente pelas necessidades da guerra. E tudo isso seria o destino de uma nação que — independentemente de quantos imigrantes ainda pudesse absorver e de até que ponto estendesse suas fronteiras (toda

> a Palestina e a Transjordânia é a reivindicação insana
> dos revisionistas) – ainda continuaria a ser um povo
> muito pequeno, em número muito menor que seus vizi-
> nhos hostis (Arendt, 2007, pp. 396-397).

Dada sua descrição pessimista do que poderia acontecer, o que ela propôs que ainda poderia ser feito? Ela recomendou que a Organização das Nações Unidas "pudesse reunir, nessa situação inaudita, a coragem de dar um passo inaudito, indo até aqueles indivíduos judeus e árabes que no momento estão isolados por conta de seus históricos como crentes sinceros na cooperação árabe-judaica pedindo-lhes que negociem uma trégua" (Arendt, 2007, p. 399). Arendt não estava recomendando a divisão da Palestina em dois Estados-nação. Ela defendia consistentemente que o Estado-nação (com suas tensões inerentes entre nação e Estado) não era uma solução viável.

Então, qual alternativa ela propôs? Não se tratava mais de uma questão teórica, mas de uma questão que tinha urgência prática. Descobrimos aqui um dos primeiros esboços da alternativa de Arendt ao Estado-nação – o que ela chamou mais tarde de sistema de conselhos.

> A proposta alternativa de um Estado federado, também
> endossada recentemente pelo Dr. Magnes, é muito mais
> realista: a despeito do fato de que estabelece um gover-
> no comum para dois povos diferentes, ela evita a pro-
> blemática constelação maioria-minoria, que é insolúvel
> por definição. Uma estrutura federada, ademais, teria de

60 | Por Que Ler Hannah Arendt Hoje?

> se basear em conselhos comunitários judaico-árabes, o que significaria que o conflito judaico-árabe seria resolvido no nível mais baixo e promissor de proximidade e vizinhança (Arendt, 2007, p. 400).

No ambiente exaltado que prevalecia na época, Arendt sabia que sua proposta de um Estado federado baseado em conselhos árabe-judaicos locais seria atacada pelos sionistas como uma "facada nas costas". Mas ela defendeu energicamente que essa era a única maneira "realista" de salvar a ideia de uma pátria judaica. Contra a unanimidade esmagadora de opinião e o entusiasmo das comunidades judaicas em todo o mundo pela fundação de um Estado-nação judeu, Arendt se considerava um membro da "oposição leal". Ela concluiu *Para Salvar a Pátria Judaica* delineando um conjunto de condições concretas para uma solução realista do problema árabe-judaico na Palestina. Sua proposta final resumiu sua ideia de um Estado federado com base em conselhos locais. "O autogoverno local e os conselhos municipais e rurais mistos de judeus e árabes, em uma pequena escala e tão numerosos quanto possível, são as únicas medidas políticas *realistas* capazes de, finalmente, conduzir à emancipação política da Palestina. Ainda não é tarde demais" (Arendt, 2007, p. 401, *grifo meu*).

Infelizmente, *já era* muito tarde. Não havia um grupo significativo disposto a levar Arendt a sério. Ninguém estava disposto a ouvir Arendt quando ela declarou que só haveria paz na região se judeus e árabes negociassem diretamente e encontrassem formas de cooperar. Como Catão, ela percebeu que estava defendendo uma causa derrotada.

Oposição Leal: a Crítica de Arendt ao Sionismo | **61**

A despeito de todas as mudanças que ocorreram no Oriente Médio desde o momento em que ela escreveu sobre essas questões na década de 1940, suas observações e advertências têm uma relevância considerável hoje. Ela foi extraordinariamente perspicaz sobre os problemas profundos e as questões não resolvidas que continuam a persistir. Ela foi sagaz sobre os perigos ameaçadores da unanimidade de opinião que busca marginalizar e silenciar toda divergência. Ela alertou sobre como Israel, enquanto Estado-nação judeu, continuaria sendo atormentado pelo problema dos direitos e cidadania de sua população árabe – um problema agravado pela ocupação da Cisjordânia desde 1967. Considerando o histórico de fracassos na solução do conflito entre israelenses e palestinos nos últimos setenta anos, ninguém pode prever o que acontecerá no futuro – especialmente à luz da turbulência mais geral na região. Mas uma coisa deve estar absolutamente clara. Nunca haverá algo parecido com paz no Oriente Médio se não houver uma tentativa de enfrentar honestamente os problemas que Arendt identificou tão brilhantemente.

Racismo e Segregação

64 | Por Que Ler Hannah Arendt Hoje?

Arendt esteve envolvida em controvérsias acaloradas durante toda a sua vida. Para o bem ou para o mal, ela expressava sua opinião da forma mais dura possível, colocava o dedo na ferida e provocava críticas incisivas. Em geral, ela era perspicaz, mas, algumas vezes, também poderia ser obtusa e culpada por aquilo que ela considerava ser o pior pecado dos intelectuais: a imposição de suas próprias categorias ao mundo, em vez de ser sensível às complexidades da realidade. Nos anos 1950, logo após a publicação de *A Condição Humana*, quando Arendt estava se tornando mais conhecida como uma intelectual pública, ela provocou uma controvérsia feroz quando publicou *Reflexões sobre Little Rock*. Em 1954, a Suprema Corte dos Estados Unidos, numa decisão histórica, *Brown* versus *Conselho de Educação de Topeka*, decretou por unanimidade que a segregação das escolas públicas violava a 14ª Emenda da Constituição. A decisão e a implementação da integração sofreram forte resistência por todos os estados do Sul. No dia 4 de setembro de 1957, Elizabeth Eckford, uma garota negra de 15 anos, que agora tinha o direito legal de frequentar a Central High School, de Little Rock, seguiu para o primeiro dia de aula. O governador de Arkansas havia enviado a Guarda Nacional de Arkansas com baionetas para impedir que ela e outras pessoas entrassem na escola. Uma fotografia de uma Elizabeth dignificada, ameaçada por uma massa de pessoas brancas gritando, apareceu nos jornais de todo o mundo. Foi chocante e se tornou uma imagem icônica da profundidade do ódio e da discriminação horrível contra os negros, nos EUA. Logo depois desse incidente, os editores de *Commentary* incumbiram Arendt de escrever sobre Little Rock. O artigo que ela submeteu foi considerado tão ofensivo e incendiário que os editores hesitaram em publicá-lo sem uma réplica de Sidney Hook.

Arendt retirou o artigo, mas quando a resistência à integração escolar continuou, ela decidiu publicá-lo com uma nota introdutória em *Dissent* em 1959.

Arendt se opôs fortemente à imposição federal da integração nas escolas públicas. Usando categorias que havia elaborado em *A Condição Humana*, ela estabeleceu uma distinção rígida entre o político, o social e o privado. Arendt afirmava que a discriminação social não poderia ser proibida por meios políticos. Se pais brancos querem enviar suas crianças para escolas onde existem apenas crianças brancas, o governo não tem direito de interferir. "O governo não pode legitimamente tomar medidas contra a discriminação social, porque o governo só pode agir em nome da igualdade – um princípio que não se alcança na esfera social" (Arendt, 1959, p. 53). Além disso, "o governo não tem o direito de interferir nos preconceitos e nas práticas discriminatórias da sociedade; ele não só tem o direito, mas também o dever de assegurar que essas práticas não sejam legalmente impostas" (Arendt, 1959, p. 53). Ela chegou a sugerir que pais negros estavam usando suas crianças para travar batalhas políticas de adultos. Ela achava que a educação deveria ser um assunto privado e que o governo não deveria interferir nas decisões dos pais sobre como educar seus filhos (exceto para garantir educação pública obrigatória). E, por fim, ela defendia a ideia de direitos dos estados, baseada na concepção que tinha do equilíbrio do poder entre os governos federal e estadual. Àquela altura,

66 | Por Que Ler Hannah Arendt Hoje?

muitos políticos do Sul defendiam que o governo federal não tinha *qualquer* permissão de interferir no direito dos estados de *impor* a segregação nas escolas públicas. Assim, Arendt falhou em compreender as consequências desastrosas da hostil discriminação política, social e econômica dos negros nos EUA. Ela falhou em compreender como se abusou do apelo aos "direitos dos estados" para impor todo tipo de práticas discriminatórias horríveis contra os negros.

Uma vez que Arendt formava uma opinião, ela dificilmente voltava atrás, mas, nesse caso, ela admitiu seu erro de julgamento quando Ralph Ellison, o famoso escritor negro, a acusou de falhar em compreender a experiência de "pessoas que precisam viver numa sociedade sem ter reconhecimento, sem *status* real, mas que estão envolvidas nos ideais daquela sociedade e que estão tentando abrir seu caminho, procurando determinar sua verdadeira situação e sua posição de direito dentro dela". Ele acusou Arendt de falhar na compreensão do ideal de sacrifício entre os negros do Sul. "O fato de Hannah Arendt não apreender a importância desse ideal entre os negros sulistas fez com que se equivocasse completamente em *Reflexões sobre Little Rock*, no qual acusou os pais negros de explorar os filhos durante a luta para integrar as escolas. Mas ela não faz absolutamente ideia nenhuma do que se passa nas mentes dos pais negros quando mandam seus filhos para essas fileiras de pessoas hostis" (os comentários de Ellison estão citados em Young-Bruehl, 1982, p. 316). Quando Arendt leu os comentários de Elisson, não ficou na defensiva e escreveu uma carta para ele na qual admitia seu erro. "É precisamente esse ideal de sacrifício que não compreendi"; ela falhou em apreender "o elemento da violência pura, do medo elementar, físico, na situação" (Young-Bruehl, 1982, p. 316).

Apesar de Arendt ter reconhecido seu erro de julgamento em uma comunicação privada a Ellison, duras críticas a *Reflexões sobre Little Rock* persistem até hoje. Danielle S. Allen e Kathryn T. Gines escreveram críticas detalhadas, apontando os erros factuais de Arendt e suas opiniões equivocadas (Allen, 2004 e Gines, 2014). Concordo com a maioria dos pontos fundamentais dessas críticas. Não acho que Arendt tenha entendido a profundidade e as consequências políticas (mesmo de acordo com seu *próprio* conceito de política) da discriminação perversa contra os negros nos EUA. Mas não penso que Arendt fosse "uma supremacista branca" ou uma "racista antinegros" – qualificações que têm sido utilizadas com frequência para caracterizar suas opiniões (embora não utilizadas por Allen e Gines). Eu ainda gostaria de sugerir que se nós pensarmos com Arendt contra Arendt, então encontraremos nos seus escritos recursos para confrontar a perniciosidade do racismo hoje.

É importante compreendermos seu pensamento sobre o racismo em seus escritos anteriores, especialmente em *Origens do Totalitarismo*. Uma das principais questões que Arendt confronta em *Origens* é o racismo biológico dos nazistas, que levou à Solução Final do extermínio. Em sua busca pelos elementos subterrâneos que se cristalizaram no totalitarismo, ela focou no racismo que era intrínseco ao imperialismo. Arendt faz uma distinção entre colonialismo e imperialismo. Ela escreve que "durante

68 | Por Que Ler Hannah Arendt Hoje?

séculos o extermínio dos povos nativos andou de mãos dadas com a colonização das Américas, da Austrália e da África". Mas algo diferente e muito mais cruel ocorreu quando a ideologia da expansão pela expansão se tornou a ideologia predominante do imperialismo (Arendt, 1976, p. 440). Arendt apresenta uma descrição vívida e brutal dos massacres e genocídios que ocorreram na "corrida pela África". Já não havia sequer uma pretensão de regulação colonial das populações africanas subjugadas. O racismo imperialista "justificou" o massacre administrativo brutal de milhões de nativos africanos como uma forma legítima de conduzir a política externa. Esse racismo imperialista, assassino e ideológico antecipou a ideologia racista dos nazistas. Durante toda sua vida, Arendt condenou a ideologia racista. Até mesmo em *Sobre a Violência*, onde mais uma vez ela faz comentários imprudentes e ofensivos sobre os americanos negros, ela afirma:

> O racismo, diferentemente da raça, não é um fato da vida, mas uma ideologia, e as ações às quais ele conduz não são atos reflexos, mas atos deliberados baseados em teorias pseudocientíficas. A violência na luta inter-racial é sempre assassina, mas não é "irracional"; é a consequência lógica e racional do racismo, pelo qual não me refiro a um preconceito vago de qualquer dos lados, mas a um sistema ideológico explícito (Arendt, 1970, p. 76).

Apesar das percepções de Arendt acerca do caráter violento do racismo como um sistema ideológico no

Racismo e Segregação | 69

contexto europeu, ela falhou em reconhecer sua relevância para a experiência dos negros nos EUA. Arendt não se opôs à discriminação na esfera social; apenas se opôs à sua aplicação legal. Ela caracteriza a segregação como um fenômeno social que necessita ser rigidamente distinguido daquilo que é verdadeiramente político. "Não é o costume social da segregação que é inconstitucional, mas a sua *imposição legal*" (Arendt, 1959, p. 49). Arendt, que é famosa por estabelecer distinções, caracteriza a discriminação de uma forma um tanto "Pollyanna". Ela *borra* a distinção entre discriminação benigna e discriminação cruel, excludente e humilhante sofrida por muitos negros. "Se como judia desejo passar as minhas férias apenas na companhia de judeus, não vejo como alguém pode razoavelmente impedir que eu o faça; assim como não vejo razão para que outros locais de férias não devam atender a uma clientela que deseja não ver judeus nas férias" (Arendt, 1959, p. 52).

Mas é extremamente insensível comparar esse tipo de discriminação social (que não é tão benigna), em que eu *livremente* escolho com quem quero passar minhas férias, com a discriminação violenta que os negros *coercitivamente* experienciaram no cotidiano de suas vidas. Arendt equivocadamente *impôs* suas distinções entre o político, o social e o privado. "A sociedade é essa esfera curiosa, um tanto híbrida, entre o político e o privado em que, desde o início da era moderna, a maioria das pessoas tem passado a maior parte da sua vida" (Arendt, 1959, p. 51). (Para uma discussão crítica da distinção entre o social, o político e o privado de Arendt, ver Bernstein, 1986.)

70 | Por Que Ler Hannah Arendt Hoje?

O que é desconcertante sobre a obtusidade de Arendt é que há muitos recursos em seus próprios textos para o desenvolvimento de uma compreensão da discriminação racial mais simpática e nuançada. Deve-se ter cuidado ao traçar analogias entre judeus e negros, mas Arendt poderia ter se inspirado em sua própria experiência quando afirmou que se alguém é atacado como um judeu deve se defender como um judeu, não como um alemão, não como um defensor dos direitos humanos. Por que isso não é tão relevante para os negros quando eles são claramente atacados como negros? Ou ainda, Arendt poderia ter visto a relevância da sua compreensão do pária judeu, que é tratado como um marginal e deveria se tornar um "rebelde consciente" como Bernard Lazare – que acreditava que era preciso resistir e se juntar aos outros para lutar contra a opressão. Na discussão de Arendt sobre Franz Kafka como um judeu pária, ela descreve lindamente o profundo dilema dos marginais sociais, que querem apenas ser tratados como seres humanos e como membros normais da sociedade humana: "tornar-se uma pessoa como qualquer outra". O que Arendt diz sobre "K", o herói do romance *O Castelo*, de Kafka, poderia muito bem ser dito sobre os negros e outros grupos de minorias que sofrem discriminações humilhantes. "Não era sua culpa que essa sociedade deixara de ser humana, e que, aprisionados em suas malhas, aqueles seus membros que eram realmente pessoas de boa vontade eram forçados a funcionar dentro dela como algo excepcional e anormal – santos ou loucos" (Arendt, 2007, p. 293). De fato, Arendt poderia muito bem ter desenvolvido sua percepção de que o problema não é simplesmente o do que os negros devem ou não fazer, mas

Racismo e Segregação | 71

um problema da sociedade branca majoritária na qual vivem. "Se um negro numa comunidade branca é considerado nada mais que um negro, perde, juntamente com o seu direito à igualdade, aquela liberdade de ação especificamente humana, todos seus atos são agora explicados como consequências 'necessárias' de certas qualidades de 'negro'; ele passa a ser um espécime de uma espécie animal chamada homem" (Arendt, 1976, pp. 301-302).

Tenho sido crítico do raciocínio de Arendt em *Reflexões sobre Little Rock*, mas ao olhar para trás a partir do presente, é preciso ver também quão profética ela foi. Havia grande esperança nos anos 1950 de que a integração das escolas seria um passo maior na solução da "questão negra" nos EUA. Arendt era profundamente cética sobre isso. Muitos argumentam que a segregação *de facto* nas escolas hoje é tão ruim ou pior do que era em 1957. Ela tinha dúvidas até mesmo se as leis dos Direitos Civis acabariam com a discriminação, e pensava que os Estados Unidos nunca encararam honestamente o "crime original" de excluir negros e nativos do "*consensus universalis* original da república americana. Nada havia na Constituição ou na intenção que pudesse ser interpretado de forma a incluir o povo escravo no pacto original" (Arendt, 1972, p. 90). Ela foi ridicularizada na época por afirmar que as leis de miscigenação que existiam nos 29 estados – leis que proibiam o casamento e relações sexuais entre brancos e negros – eram uma violação muito mais flagrante da Constituição do que a segregação das escolas. Somente em 1967, a Suprema Corte declarou que estas leis eram inconstitucionais. Arendt também esteve à frente do seu tempo quando declarou enfaticamente que "o direito de se casar com quem quiser é um direito humano elementar" (Arendt, 1959, p. 49). Sem exonerar Arendt de seus erros de julgamento sobre Little Rock, acredito que encontramos recursos em seus próprios escritos para pensar sobre o assunto e resistir ao racismo, que é ainda tão predominante no mundo, hoje em dia.

A Banalidade do Mal

74 | Por Que Ler Hannah Arendt Hoje?

Quando *Eichmann em Jerusalém* foi publicado em 1963, inicialmente como um artigo em cinco partes em *The New Yorker,* Hannah Arendt foi brutalmente atacada. Ela foi acusada de absolver Eichmann, fazendo-o parecer mais interessante que suas vítimas judias e de culpar os judeus por provocarem seu próprio extermínio. Muitos ficaram ofendidos com o estilo "irônico" de Arendt. Alguns, a acusaram de ser "leviana" e "maliciosa". A expressão "banalidade do mal" parecia trivializar o extermínio de milhões de judeus. O ataque tornou-se pessoal. Arendt foi acusada de ser uma judia que se odeia. Houve até tentativas de impedir a publicação de seu livro. Vários de seus amigos mais antigos e íntimos romperam relações com ela. Lendo *Eichmann em Jerusalém* hoje, mais de 50 anos após sua publicação, é difícil entender a intensidade do furor que gerou. Existem críticas sérias que podem ser (e foram) levantadas sobre muitas de suas principais afirmações. Sua discussão breve sobre o papel dos conselhos judaicos despertou justificadamente muita indignação. Os conselhos judaicos eram constituídos por judeus proeminentes selecionados pelos nazistas para organizar comunidades e guetos judeus. Quando o processo de extermínio começou, os conselhos judaicos receberam a tarefa de preencher as cotas nazistas. Arendt é severa em seu julgamento da liderança judaica.

> Onde quer que os judeus vivessem, havia líderes judeus reconhecidos, e essa liderança, quase sem exceção, cooperou com os nazistas de um modo ou de outro, por um motivo ou outro. A verdade completa era que se o

A Banalidade do Mal | 75

> povo judeu realmente estivesse desorganizado e sem liderança haveria caos e imensa miséria, mas o número total de vítimas dificilmente teria sido entre quatro e meio e seis milhões de pessoas (Arendt, 1965a, p. 125).

Essa é uma das afirmações mais incendiárias e irresponsáveis feitas no relato de Arendt. Ela deixa de levar em conta a ampla variedade de comportamentos desses líderes judeus, alguns dos quais cometeram suicídio em vez de seguirem as ordens nazistas. A verdade é que ninguém pode dizer com certeza quantos judeus teriam sido assassinados, caso os conselhos judaicos nunca tivessem existido.

Mesmo à luz de críticas legítimas ao seu relato, há, no entanto, uma enorme disparidade entre o que Arendt escreveu e a "imagem" de seu livro que seus críticos condenaram. A acusação de que Arendt absolveu Eichmann é completamente falsa. Ela o considerava um dos "maiores criminosos" da época. Ao contrário de muitos que contestaram a legitimidade do julgamento, ela defendeu fortemente o direito do tribunal israelense de julgar Eichmann. Ao longo de seu relato, Arendt argumentou que Eichmann era totalmente responsável pelos crimes que ele cometeu. Embora criticasse e mesmo escarnecesse do desempenho melodramático do promotor-chefe, ela expressou sua mais alta admiração pelos três juízes que julgaram Eichmann, endossando completamente o julgamento deles sobre a responsabilidade e a culpa de Eichmann. "O que o julgamento tinha a dizer sobre esse ponto era mais do que correto, era a verdade"

76 | Por Que Ler Hannah Arendt Hoje?

(Arendt, 1965a, p. 246). Quando o tribunal finalmente sentenciou Eichmann à morte, Arendt endossou a pena de morte. Quando usou a expressão "banalidade do mal", ela não estava desenvolvendo uma *teoria* sobre o mal nazista, mas descrevendo o que considerava uma questão factual. Os feitos de Eichmann eram monstruosos, mas Eichmann não era um monstro. Ele era banal e comum, enredado em seus próprios clichês e regras de linguagem. No pós-escrito de *Eichmann em Jerusalém*, ela explicou o que queria dizer com "a banalidade do mal".

> Quando falo da banalidade do mal, faço-o apenas no nível estritamente factual, apontando para um fenômeno que nos encarou de frente no julgamento. Eichmann não era Iago nem Macbeth, e nada estaria mais distante de sua mente do que estar determinado, com Ricardo III, a "provar-se um vilão". Exceto por uma extraordinária diligência para cuidar de seu progresso pessoal, ele não tinha motivo nenhum... Para expor o assunto coloquialmente, ele *simplesmente nunca percebeu o que estava fazendo*. Foi precisamente essa falta de imaginação que lhe permitiu sentar-se por meses a fio diante do judeu-alemão que estava conduzindo o interrogatório policial, abrindo seu coração para ele e explicando repetidamente como foi que alcançou apenas o posto de tenente-coronel na SS e que não tinha sido sua culpa não ter sido promovido... Ele não era estúpido. Foi a pura irreflexão (*thoughtlessness*) – algo de modo algum idêntico à estupidez – que o predispôs a se tornar um dos maiores criminosos daquele período (Arendt, 1965a, pp. 287-288, *grifos no original*)

Quando Arendt diz que ele "nunca percebeu o que estava fazendo", ela não quer dizer que ele agiu cegamente. Ele foi magistral ao organizar o transporte de judeus para campos de concentração e de extermínio. Mas faltava a ele imaginação para ver as coisas da perspectiva de suas vítimas. Faltava a ele o que Kant havia descrito como uma "mentalidade alargada". Em uma palestra que Arendt deu na New School for Social Research, em 1970, ela retornou à banalidade do mal, expandindo o seu argumento desenvolvido em *Eichmann em Jerusalém*.

> Alguns anos atrás, relatando o julgamento de Eichmann em Jerusalém, falei da "banalidade do mal", e, com isso, não quis indicar qualquer teoria ou doutrina, mas algo bastante factual, o fenômeno dos atos maus cometidos em uma escala gigantesca, que não podiam ser remontadas a qualquer tipo particular de maldade, patologia ou convicção ideológica no agente, cuja única distinção pessoal fosse, talvez, uma superficialidade extraordinária. Por mais monstruosos que fossem os atos, o agente não era monstruoso nem demoníaco, e a única característica específica que se podia detectar tanto no seu passado quanto em seu comportamento durante o julgamento e o inquérito policial que o precedeu, era algo inteiramente negativo: não era estupidez, mas uma curiosa e muito autêntica incapacidade de pensar. Ele se ajustou ao papel de proeminente criminoso de guerra, assim como havia se ajustado sob o regime nazista; ele não teve a menor dificuldade para aceitar um conjunto de regras completamente diferente. Ele sabia: o que um dia considerara seu dever, agora era considerado crime

78 | Por Que Ler Hannah Arendt Hoje?

> e aceitou esse novo código de julgamento como se não fosse nada além de outra regra de linguagem (Arendt, 1971, p. 417).

Desde a publicação de *Eichmann em Jerusalém*, houve um amplo debate sobre a precisão da caracterização de Eichmann por Arendt. Minha opinião é de que não é precisa. Agora sabemos muito mais sobre o passado de Eichmann na Alemanha assim como sobre sua vida na Argentina, onde ele morou quando fugiu da Alemanha. Na Argentina, ele estava intimamente associado a outros antigos nazistas e se vangloriava (inclusive com exagero) de seu papel na Solução Final. Concordo com o juízo do ilustre historiador do Holocausto, Christopher Browning, quando escreve: "considero o conceito da 'banalidade do mal' de Arendt uma intuição muito importante para compreender muitos dos perpetradores do Holocausto, mas não o próprio Eichmann. Arendt foi enganada pela estratégia de autorrepresentação de Eichmann, em parte porque havia numerosos perpetradores do tipo que ele estava fingindo ser" (Browning, 2003, pp. 3-4).

Alguém poderia pensar que, se Arendt estava equivocada em seu julgamento histórico "factual" de Eichmann – que embora parecesse banal e apoiado em clichês no tribunal de Jerusalém, ele era realmente mais fanático e ideologicamente motivado enquanto nazista –, então isso encerra o assunto. Não penso assim. Pelo contrário, há algo extremamente importante sobre a ideia da banalidade do mal que, quando adequadamente

A Banalidade do Mal | 79

compreendido, possui uma relevância significativa para nós hoje. Uma das razões pelas quais sua expressão provocou uma reação tão forte é que ela estava questionando uma maneira profundamente arraigada de pensar sobre o mal – uma que é psicologicamente atraente e frequentemente se torna dominante em tempos de crise notória. Tendemos a pensar sobre o bem e o mal em termos absolutos – como uma rígida dicotomia. Existem heróis e vilões. Existem criminosos cruéis e vítimas inocentes. Se alguém comete "ações monstruosas" como Eichmann, então *tem de* ser um monstro ou demoníaco. Ele *tem de* ter intenções e motivos sádicos, monstruosos, antissemitas – ou ser doentio. Ele *tem de* ser como os grandes vilões retratados na literatura, ou mesmo como os vilões retratados em filmes e na cultura populares. Há algo tão profundo e entranhado nessa maneira de pensar que questioná-la é extremamente perturbador. Eichmann foi certamente retratado como demoníaco por Gideon Hausner, o promotor-chefe. Eichmann era a personificação do antissemitismo que remonta ao faraó no Egito e o mentor da Solução Final (o que é claramente falso). Arendt também rejeitou firmemente a "teoria da engrenagem" – a ideia de que Eichmann era apenas uma engrenagem em uma vasta máquina burocrática. Em resposta à alegação de que alguém era apenas uma engrenagem ou uma roda em um sistema, é sempre apropriado perguntar, em questões de direito e de moralidade, o seguinte: "e por que você se tornou uma engrenagem e continua a funcionar desse modo?".

80 | Por Que Ler Hannah Arendt Hoje?

O ponto principal de Arendt é que não devemos mitologizar o mal. Muitos anos antes do julgamento, em uma troca de cartas com seu conselheiro e amigo Karl Jaspers, ele escreveu a ela que se opunha a falar sobre uma culpa que vai além de toda culpa criminal, porque ela assume o aspecto de uma grandeza satânica. É inapropriado falar do elemento demoníaco em Hitler e outros nazistas. Em 1946, ele escreveu: "parece-me que temos de considerar essas coisas em sua total banalidade, em sua prosaica trivialidade, porque é isso que realmente as caracteriza. As bactérias podem causar epidemias que devastam nações, mas continuam sendo apenas bactérias" (Arendt e Jaspers, 1992, p. 62). Dezessete anos depois, quando Gershom Scholem criticou a ideia da banalidade do mal, Arendt respondeu a ele de uma maneira que ecoava a observação anterior de Jaspers.

> Na verdade, é minha opinião agora que o mal nunca é "radical", que é apenas extremo e não possui profundidade nem dimensão demoníaca. Pode recobrir e devastar o mundo todo precisamente porque se alastra como um fungo sobre a superfície. É "desafiador do pensamento", como eu disse, porque o pensamento tenta alcançar alguma profundidade, ir às raízes, e no momento em que se preocupa com o mal, fica frustrado porque não há nada. Essa é sua "banalidade" (Arendt, 2007, p. 471).

(Para uma discussão adicional sobre o significado da banalidade do mal e sobre como ela está relacionada à caracterização do mal radical por Arendt em *Origens do Totalitarismo*, consulte Bernstein, 1996 e 2016). A ideia da banalidade do mal ainda é relevante hoje porque precisamos encarar o fato de que não é preciso ser um monstro para cometer atos maus hediondos. Afirmar que as pessoas podem cometer atos maus por razões banais é defrontar a realidade em que vivemos hoje: "a triste verdade da questão é que a maior parte do mal é praticada por pessoas que nunca se decidiram a ser boas ou más" (Arendt, 1971, p. 438).

Verdade, Política e Mentira

84 | Por Que Ler Hannah Arendt Hoje?

Quando o furor em torno da publicação de *Eichmann em Jerusalém* se intensificou, a grande amiga de Arendt, Mary McCarthy, instou Arendt a responder às críticas. Arendt resistiu no início, mas, depois, disse a Mary que pretendia escrever um ensaio, *Verdade e Política*, para lidar com as questões levantadas pelos ataques. Arendt acreditava que a maior parte da crítica a *Eichmann em Jerusalém* havia sido dirigida a uma "imagem" criada por seus críticos, não ao que ela, de fato, escreveu. Ela sentia que todo tipo de mentira estava circulando sobre seu relato do julgamento de Eichmann. Ela quis levantar questões básicas sobre mentira, verdade e política. Arendt começa seu ensaio de uma forma impressionante.

> Jamais alguém pôs em dúvida que verdade e política não se dão muito bem uma com a outra, e até hoje ninguém, que eu saiba, incluiu entre as virtudes políticas, a veracidade. Sempre se consideraram as mentiras como ferramentas necessárias e justificáveis ao ofício não só do político ou do demagogo, como também do estadista. Por que é assim? E o que isso significa, por um lado, para a natureza e dignidade do âmbito político e, por outro, para a natureza e dignidade da verdade e da veracidade? É da essência, mesma da verdade, ser impotente e da essência, mesma do poder, ser enganador? (Arendt, 1997, pp. 227-228)

A história do conflito entre verdade e política é antiga e complicada. Arendt divide sua discussão em duas partes: a primeira diz respeito à questão da "verdade racional"; a segunda – mais relevante para as discussões contemporâneas

– se refere à "verdade factual". Por "verdade racional" Arendt quer dizer verdades como as matemáticas, como 2 + 2 = 4 ou, mais significativamente, os tipos de verdades que Platão afirma que os filósofos possuem quando têm o conhecimento genuíno das formas eternas. "Verdades factuais" são sempre contingentes no sentido de que não há necessidade de elas existirem. Um dos principais temas da *República* de Platão é o conflito entre filosofia e política – entre verdade filosófica e opinião política. Porque a política é baseada em opiniões conflitantes e instáveis (*doxai*), e não no conhecimento genuíno das formas eternas, pode parecer que na política "real" poder e força determinam o que é correto e justo. A *República* pode ser lida como discussão constante para refutar essa compreensão de justiça e para mostrar que a verdadeira justiça só pode ser atingida se atender aos padrões eternos da verdade racional que os filósofos aspiram a conhecer. O conflito entre verdade e opinião nasceu de dois modos de vida diametralmente opostos: a vida do filósofo e a vida do cidadão na pólis. O filósofo opõe a verdade racional sobre o que é eterno às opiniões constantemente em mudança dos cidadãos sobre os assuntos humanos, a partir da qual podem ser derivados princípios que estabilizariam os assuntos humanos.

> Por conseguinte, o contrário da verdade era a mera opinião, equacionada com ilusão; e foi esse rebaixamento da opinião que conferiu ao conflito sua pungência política; pois a opinião, e não a verdade, está entre os pré-requisitos indispensáveis a todo poder (Arendt, 1977, p. 233).

86 | Por Que Ler Hannah Arendt Hoje?

Traços deste conflito originário ainda podem ser encontrados nos estágios iniciais da era moderna, mas o conflito entre verdade racional e opinião não é o problema principal hoje – ainda que haja vestígios nos ataques atuais à verdade científica. A ideia de que os filósofos possuem um tipo especial de conhecimento e de verdade que define os padrões para a política tem sido ridicularizada. Essa ideia também foi ridicularizada na Grécia Antiga. Contudo, há uma importante lição a ser aprendida do conflito entre verdade racional e opinião. Arendt afirma que a tradição da filosofia política sempre procurou impor seus padrões de verdade à política. Debater opiniões (em seu sentido próprio de "opinião") em um espaço público criado por uma pluralidade de seres humanos é a essência da política – ou, antes, do que a política deveria ser. Em suma, contra a tradição dos filósofos de depreciar opiniões, Arendt celebra o conflito de opiniões como o que constitui a vida e a dignidade da política. Quando Arendt fala sobre opiniões, ela não se refere àquilo que é medido por pesquisas de opinião pública. Indivíduos não "têm" opiniões apenas; eles *formam* opiniões no e por meio do espaço público.

> Formo uma opinião considerando um dado tema de diferentes pontos de vista, fazendo presentes em minha mente as posições dos que estão ausentes; isto é, eu os represento. [...] Quanto mais posições de pessoas eu tiver presente em minha mente ao ponderar um dado problema, e quanto melhor puder imaginar como eu sentiria e pensaria se estivesse em seu lugar, mais forte será minha capacidade de pensamento representativo e mais válidas minhas conclusões finais, minha opinião (Arendt, 1977, p. 241).

Verdade, Política e Mentira | 87

A formação de opinião não é uma atividade privada realizada por indivíduos solitários em isolamento. Opiniões podem ser testadas e alargadas somente onde há encontros *genuínos* com diferentes opiniões – sejam esses encontros reais ou realizados por meio da imaginação. Não existe um teste permanente e fixo para a adequação das opiniões, nem autoridade para julgá-las, a não ser o melhor argumento no debate público. Esta é a razão pela qual a formação de opiniões requer uma comunidade de pessoas politicamente iguais e uma disposição para submeter opiniões à exposição e à crítica. Esta também é uma lição importante a ser aprendida com Arendt que tem relevância nos dias de hoje. Existe uma tendência perigosa hoje em dia de recusarmos a ouvir aqueles que discordam de nós. Nós realmente não queremos considerar diferentes pontos de vista, exceto para condená-los ou ridicularizá-los. Esta tendência é exacerbada por conta das formas pelas quais obtemos "informação" de fontes que apenas reforçam nossos preconceitos arraigados. Arendt também distinguia nitidamente opiniões de interesses de grupo.

> O interesse e a opinião são fenômenos políticos totalmente diversos. Em termos políticos, os interesses são relevantes apenas enquanto interesses de grupo, e para a purificação desses interesses de grupo aparentemente basta que sejam representados de maneira que seu caráter parcial fique resguardado em todas as circunstâncias, mesmo quando o interesse de um grupo vem a ser o interesse da maioria. As opiniões, ao contrário, nunca pertencem a grupos e sim apenas a indivíduos, que "exercem sua razão com serenidade e liberdade",

88 | Por Que Ler Hannah Arendt Hoje?

> e nenhuma multidão, seja a multidão de uma parte ou de toda a sociedade, jamais será capaz de formar uma opinião. As opiniões surgem sempre que as pessoas se comunicam livremente e têm o direito de expressar suas posições em público; mas essas posições, em sua infinita variedade, também parecem precisar de purificação e representação (Arendt, 1965b, p. 229).

O oposto da verdade racional é a ignorância e o erro, mas o oposto da verdade factual é a *mentira deliberada*. A verdade factual é muito mais frágil que a verdade racional. Como os fatos são contingentes, como não há necessidade de os fatos serem verdadeiros ou falsos, torna-se muito mais fácil negar verdades factuais e eliminá-las por meio da mentira deliberada. A verdade factual, quando é um obstáculo às convicções básicas de alguém, enfrenta enorme hostilidade. Fatos e opiniões também precisam ser cuidadosamente diferenciados. A verdade factual é estabelecida por testemunhas e depoimentos, e existe somente enquanto se fala ou se escreve a respeito dela. Fatos devem informar opiniões – embora as opiniões possam diferir amplamente, contanto que respeitem os fatos. "A liberdade de opinião é uma farsa, a não ser que a informação factual seja garantida e que os próprios fatos não sejam questionados" (Arendt, 1977, p. 238). Infelizmente, uma das técnicas mais bem-sucedidas para negar a verdade factual é afirmar que a chamada verdade factual é apenas outra opinião. Essa tendência de borrar a distinção entre verdade factual e opinião está se tornando cada vez mais predominante. Para ilustrar a diferença entre fatos e opiniões, Arendt conta a história de Clemenceau, a quem foi pedido sua opinião a respeito do que os futuros historiadores diriam sobre quem foi responsável pela eclosão da Primeira Guerra Mundial. "Ele replicou: '– Isso eu não sei. Mas tenho certeza de que eles não dirão que a Bélgica invadiu a Alemanha'" (Arendt, 1977, p. 239). Mas até essa resposta demonstra ingenuidade. Nós sabemos pela reescrita da história que mesmo fatos brutos, como o papel de Trotsky na Revolução Russa, podem ser obliterados. O que aconteceu de forma tão flagrante nas sociedades totalitárias está sendo praticado hoje em dia por lideranças políticas. Em poucas palavras, existe o perigo constante de técnicas persuasivas poderosas serem usadas para negar verdades factuais, transformá-las em apenas outra opinião e criar um mundo de "fatos alternativos".

Arendt alerta para um perigo ainda maior: "o resultado de uma substituição consistente e total da verdade factual por mentiras não é passarem estas a ser aceitas como verdade e a verdade ser difamada como mentira, mas, sim, que *está sendo destruído* o sentido mediante o qual nos orientamos no mundo real – incluindo-se entre os meios mentais para esse fim a categoria de oposição entre verdade e falsidade" (Arendt, 1977, p. 257, *grifo meu*). Arendt teve uma percepção profunda sobre algo que estamos vivendo até agora. As próprias categorias sobre verdade *versus* falsidade, fatos *versus* mentiras estão em vias de serem apagadas. Consequentemente, as possibilidades de mentir são ilimitadas e com frequência encontram pouca resistência. Normalmente, mentiras políticas eram usadas deliberadamente para enganar. Isto ainda pressupunha uma distinção entre mentiras e verdades factuais. Mas Arendt

90 | Por Que Ler Hannah Arendt Hoje?

observa que aquele que engana pode vir a acreditar em suas próprias mentiras. Ela indica quão difícil pode ser mentir aos outros sem acreditar nas próprias mentiras. Para desenvolver essa ideia, Arendt relata uma anedota medieval sobre o que aconteceu numa noite quando o sentinela de uma torre-vigia decidiu pregar uma peça. Ele soou um alarme para assustar os habitantes da cidade e fazê-los acreditar que um inimigo se aproximava. Ele foi extremamente bem-sucedido. Todo mundo correu para os muros e o último a correr foi o próprio sentinela.

> O conto sugere até que ponto nossa apreensão da realidade depende do compartilhamento do nosso mundo com nossos semelhantes, e quanta força de caráter é necessária para se ater a algo, mentira ou verdade, que não seja compartilhado. Em outras palavras, quanto mais bem-sucedido for um mentiroso, maior é a probabilidade de que ele seja vítima de suas próprias invencionices (Arendt, 1977, p. 254).

Quando confrontados com um farsante que acredita em suas próprias mentiras ou, o que é pior, que não é mais capaz de distinguir suas mentiras da verdade factual, estamos lidando com um fenômeno muito mais espinhoso. Uma vez que o político mentiroso é um "homem de ação", ele busca mudar o mundo para que este se conforme às suas mentiras. No caso extremo do totalitarismo, isto é precisamente o que os líderes totalitários buscavam alcançar. Esta é uma tentação e um perigo que vemos hoje nas sociedades não totalitárias. É perturbador ler a descrição de

Verdade, Política e Mentira | 91

Arendt acerca dos usos da propaganda totalitária à luz do que está acontecendo hoje por todo o mundo. O que está acontecendo atualmente parece uma repetição do que os regimes totalitários levaram a cabo de uma forma muito mais extrema. As pessoas estão obcecadas pelo desejo de escapar da dura realidade de suas vidas cotidianas por conta da perda de seu *status* social e do desaparecimento de um mundo que era familiar a elas. É como se um mundo familiar de empregos, estabilidade e avanço social tivesse entrado em colapso. Em tal mundo fragmentado e desorientado a verdade factual não importa mais. "O que convence as massas não são os fatos, nem mesmo os fatos inventados, mas, apenas, a consistência do sistema do qual esses fatos presumivelmente fazem parte" (Arendt, 1976, p. 351). As pessoas que sentem que têm sido negligenciadas e esquecidas anseiam por uma narrativa que dê sentido para a angústia e a miséria que estão experienciando – uma narrativa que prometa redenção para seus problemas. Em tal situação, um líder autoritário pode explorar a angústia que as pessoas estão vivenciando e conseguir borrar a distinção entre mentiras e realidade. Argumentar e apelar para os fatos não são realmente importantes para tal propaganda. Uma estória fictícia apelativa pode ser infalível contra a verdade factual, a realidade ou o argumento.

Uma nova forma de mentira surgiu nos tempos recentes. É o que Arendt chama de "fabricação de imagem", em que a verdade factual é descartada se não se ajusta à imagem. A imagem se torna um substituto para a realidade. Todas essas mentiras abrigam um elemento de violência: a mentira organizada sempre tende a destruir tudo aquilo que ela decide negar. A diferença entre a mentira política tradicional e a mentira moderna é a diferença entre esconder algo e destruí-lo. Vimos recentemente como imagens fabricadas podem se tornar uma realidade para milhões de pessoas, inclusive para aquele que produz a imagem. Testemunhamos isso nas eleições presidenciais de 2016 dos EUA. A despeito da falsidade óbvia de suas afirmações, o presidente insiste que a multidão em sua posse foi a maior da história; a despeito do fato de ele não ter recebido a maioria dos votos, ele insiste que isso ocorreu por conta de milhares de votos fraudulentos computados; e apesar da evidência de que os russos interferiram na eleição presidencial, o presidente afirma que a "insinuação" de que houve interferência russa é apenas uma maneira desonesta de questionar sua legitimidade. O perigo real aqui é que se cria uma imagem na qual os seguidores leais querem acreditar, independentemente do que seja factualmente verdadeiro. Eles são incentivados a rejeitar qualquer coisa que entre em conflito com a imagem, como se fossem "notícias falsas" (*fake news*) ou uma conspiração de elites que quer enganá-los. O que Arendt escreveu há mais de meio século poderia ter sido escrito ontem. "A história contemporânea está repleta de exemplos em que os que diziam a verdade factual eram considerados mais perigosos e até mesmo mais hostis que os verdadeiros adversários" (Arendt, 1977, p. 255). Arendt não estava confiante de que aqueles que diziam as verdades factuais triunfariam sobre os fabricantes de imagens. Dizer verdades factuais é frequentemente impotente frente à fabricação de imagens, e essas verdades

Verdade, Política e Mentira | 93

podem ser derrotadas em um confronto com os poderes constituídos. Entretanto, ela realmente achava que a verdade factual, em última instância, tinha um persistente poder próprio. Fabricantes de imagens sabem disso e esta é a razão pela qual eles buscam desacreditar a imprensa livre e as instituições onde há uma busca pela verdade imparcial.

Até agora tenho me concentrado no poder de mentir de um líder autoritário – aquele que passa a acreditar em suas próprias mentiras; mas há outra variação de mentira, que se tornou obcecada por imagens. Arendt discute sobre isso no ensaio *A Mentira na Política*, sua resposta à revelação pública dos *Documentos do Pentágono* "ultrassecretos". Em junho de 1967, Robert S. McNamara, o secretário da Defesa, encomendou a "História do Processo de Tomada de Decisão dos EUA sobre a Política do Vietnã", de 47 volumes. Em 1971, Daniel Ellsberg, que participou da escrita do relatório, vazou essa história ricamente documentada do papel dos EUA na Indochina. Trechos selecionados foram publicados nos jornais *The New York Times* e *The Washington Post*. A questão básica levantada pela publicação dos *Documentos do Pentágono* foi sobre fraude – a mentira sistemática e constante contada ao povo dos EUA pelas autoridades governamentais. A mentira permeou as fileiras de todos os serviços governamentais, militares e civis – "as falsas contagens de corpos das missões de 'busca e destruição', os adulterados relatórios de perdas da força aérea, e os relatórios de 'avanços' das frentes para Washington, escritos por subordinados que sabiam que seus desempenhos seriam avaliados por seus próprios relatórios" (Arendt, 1972, p. 4). Esta foi uma

94 | Por Que Ler Hannah Arendt Hoje?

mentira em larga escala, da qual todo tipo de pessoa em todo o governo foi cúmplice. São, precisamente, a fragilidade e a contingência dos fatos que tornam

> a enganação tão fácil, *até certo ponto*, e tão tentadora. Ele nunca entra em conflito com a razão, pois as coisas poderiam perfeitamente ser como o mentiroso diz que são. Mentiras são frequentemente muito mais plausíveis, mais atrativas que a razão e a realidade, uma vez que o mentiroso tem a grande vantagem de saber, de antemão, o que a plateia deseja ou espera ouvir" (Arendt, 1972, p. 6).

O mentiroso prepara sua estória para o consumo público com o cuidado de torná-la plausível – mais plausível que a realidade factual.

O que é tão impressionante nos *Documentos do Pentágono* é que, enquanto essa fabricação de imagem se desenrolava, a comunidade de inteligência fornecia informações factuais precisas que contradiziam a imagem criada. Mas essa informação factual foi simplesmente ignorada ou negada. Ela foi ignorada por "solucionadores de problemas" que substituíram a verdade factual por todo tipo de "cenário". O que esses "solucionadores de problemas" têm em comum com os mentirosos ordinários é a tentativa de se livrar dos fatos. Eles tinham uma (falsa) sensação de sua própria onipotência. Tornaram-se obcecados pela imagem em si – a imagem dos EUA como a maior potência da Terra. "A fabricação de imagem como política global – não conquista do mundo, mas vitória na batalha 'para

Verdade, Política e Mentira | 95

ganhar a mente das pessoas' – é realmente algo novo no imenso arsenal de loucuras humanas registrado na história" (Arendt, 1972, p. 18). A questão que se coloca é: como isso pôde acontecer? Como os "solucionadores de problemas" puderam ignorar completamente a realidade factual do que estava acontecendo no local? Os "solucionadores de problemas" e os "tomadores de decisão" passaram a acreditar em suas próprias mentiras. Arendt observa que houve uma nova distorção aqui. É como se o processo normal do autoengano tivesse sido revertido; o engano não terminou em autoengano, mas, ao contrário, o autoengano veio *primeiro*.

> Os enganadores começavam com o autoengano. Provavelmente devido a seus altos cargos e sua impressionante autoconfiança, estavam tão convencidos do seu tremendo sucesso, não no campo de batalha, mas na arena das relações públicas, e tão certos de suas premissas psicológicas acerca das possibilidades ilimitadas de manipulação das pessoas, que *anteciparam* a crença geral e a vitórias na batalha pelas mentes das pessoas. E como eles, de qualquer modo, viviam num mundo desfactualizado, acharam fácil não prestar mais atenção ao fato de que seu público se recusava a ser convencido do que a outros fatos (Arendt, 1972, p. 35).

Arendt nos deixa com uma conclusão ambígua. Por um lado, ela afirma que não há limites para a mentira organizada, a fabricação de imagem, o engano e o autoengano. Por outro lado, apesar da aparente impotência daqueles que dizem a verdade frente ao poder esmagador, chegamos a um ponto no qual a mentira política sistemática começa a entrar em colapso. A mentira política pode destruir a verdade factual, mas ela nunca pode substituí-la. Arendt nos ensina quão efetivos e perigosos podem ser a mentira política e a fabricação de imagem. É ingênuo acreditar que a insistência na verdade factual pode desafiar o poder das mentiras. Isto subestima a sofisticação dos fabricadores de imagem ao depreciar, ridicularizar e destruir a verdade factual. Isto os subestima na medida em que os mentirosos políticos vão afirmar que uma imprensa livre é a fonte de "notícias falsas" (*fake news*). Ela faz notar o perigo do que acontece quando a própria distinção entre verdade e falsidade é questionada, quando as pessoas não se importam mais com o que é uma mentira e o que é de fato verdade. Enfrentamos todas essas tendências hoje em dia, não apenas nos Estados Unidos, mas em todo o mundo. Arendt certamente seria crítica àqueles que fazem comparações fáceis entre o mundo de hoje e os regimes totalitários. Mas o que é assustador – e deveria nos servir de *alerta* – são todas essas similaridades entre mentira organizada, fabricação de imagens fictícias, engano e autoengano, tão predominantes hoje em dia, e as técnicas aperfeiçoadas pelos regimes totalitários.

Pluralidade, Política e Liberdade Pública

98 | Por Que Ler Hannah Arendt Hoje?

Na conclusão de seu ensaio *Verdade e Política*, por ter lidado com a política da perspectiva da mentira, Arendt escreve o seguinte:

> Deixei de mencionar, mesmo de passagem, a grandeza e a dignidade do que se passa dentro dela. Falei como se o âmbito político não passasse de um campo de batalha de interesses parciais e conflitantes, onde nada contava senão prazer e lucro, partidarismo e ânsia por domínio. Em resumo, lidei com a política como se também acreditasse que todos os assuntos públicos eram governados por interesse e poder, que de modo algum haveria domínio político se não fôssemos compelidos a cuidar das necessidades da vida (Arendt, 1977, p. 263).

Arendt certamente tinha uma compreensão realista da mentira, do engano, do autoengano e da violência que caracterizaram a política ao longo de sua vida – e continuam a perdurar. Ela certamente não era inocente ou sentimental. A política, disse ela uma vez, não é um berçário. Ela analisou brilhantemente o caráter sem precedentes do totalitarismo, mas, ao mesmo tempo, queria recuperar a dignidade da política. Hoje, quando há tanta desconfiança dos políticos, é difícil resistir a se tornar cético com relação a toda e qualquer forma de política. Arendt não acreditava em modelos para a ação política. Mas ela acreditava, como o pescador de pérolas em *A Tempestade*, de Shakespeare, que é possível recuperar pérolas e corais das ruínas e fragmentos do passado que possam lançar luz sobre o que a política fora outrora – e que ainda pode novamente vir a ser. Sua concepção positiva da política nos proporciona um padrão crítico para julgar o que falta na política hoje. Esta é outra razão pela qual Arendt deve ser lida agora.

Muitos analistas e críticos de Arendt pensam que ela expôs sua concepção positiva de política primeiramente em *A Condição Humana* (1958a). Por se basear tão fortemente em uma concepção idealizada da pólis grega e da república romana, ela foi criticada por desenvolver uma concepção de política que hoje é irrelevante. Mas acredito que esta crítica está errada. O ponto de partida para seu pensamento sobre política não foi nem os gregos nem os romanos, mas sua experiência pessoal. Vimos antecipações disso em sua discussão sobre apátridas e refugiados, o direito a ter direitos e a calamidade dos sem-direitos. Recordem que ela declarou que foi a perda de uma comunidade política (*polity*) – a perda de uma comunidade disposta a garantir e proteger os direitos dos indivíduos – que privou os seres humanos de sua humanidade. Também vemos as sementes de sua concepção positiva de política em sua defesa de uma pátria judaica na Palestina e em seu apoio aos conselhos locais árabes-judeus organizados em um estado federado. Todavia, de modo mais significativo, foi a reflexão detida sobre os horrores do totalitarismo e o discernimento do objetivo final da dominação total – a destruição da individualidade, da espontaneidade e da pluralidade humanas – que orientaram sua busca pelo significado da política. O comentário de Claude Lefort sobre as bases do pensamento de Arendt sobre política é iluminador.

100 | Por Que Ler Hannah Arendt Hoje?

> A leitura de Arendt do totalitarismo, tanto na sua versão nazista quanto stalinista, determina a subsequente elaboração de sua teoria da política. Ela conceitua a política invertendo a imagem do totalitarismo e isso a leva a procurar não por um modelo de política – o uso do termo "modelo" trairia suas intenções – mas por uma referência à política em certos momentos privilegiados em que suas características são mais claramente discerníveis: os momentos das revoluções americana e francesa. O momento dos conselhos de trabalhadores na Rússia em 1917 e o dos conselhos húngaros de 1956 também podem ser adicionados à lista (Lefort, 1988, p. 50).

Lefort captura o espírito da recuperação da dignidade da política por Arendt quando ele escreve que ela estava procurando aqueles "momentos privilegiados em que suas características distintivas eram mais claramente discerníveis". Este é o espírito com que ela aproximou a pólis grega e a república romana, as revoluções americana e francesa e a irrupção do que ela chamou de "espírito revolucionário" do século XVIII até o presente.

Quero explorar a intrincada rede de conceitos que Arendt entrelaça para tecer o significado e a dignidade da política: ação, pluralidade, natalidade, discurso, aparência, espaço público, liberdade pública, poder (constituição de poder – *empowerement*), persuasão e juízo político. Precisamos prestar muita atenção ao emprego característico desses conceitos por Arendt. Pensar requer fazer distinções cuidadosas para iluminar questões fundamentais. Em *A Condição Humana*, Arendt analisa o que ela chama de *Vita*

Pluralidade, Política e Liberdade Pública | **101**

Activa (vida ativa), tradicionalmente contrastada com a *Vita Contemplativa* (vida contemplativa). Ela distingue três tipos diferentes de atividades que compõem a *Vita Activa*: trabalho, obra e ação. Trabalho é o tipo de atividade necessária para a sobrevivência humana. A menos que os humanos satisfaçam suas necessidades corporais, eles não sobreviverão. A obra é o tipo de atividade envolvida na criação de um mundo artificial onde a vida pode ser estabilizada – um mundo que tem alguma durabilidade e permanência. A ação (no sentido característico de Arendt) é a única atividade que ocorre diretamente entre os seres humanos sem um intermediário; ela corresponde à condição humana da pluralidade. "Embora todos os aspectos da condição humana estejam de alguma forma relacionados à política, essa pluralidade é especificamente *a* condição – não apenas a *condição sine qua non*, mas a *condição per quam* – de toda a vida política" (Arendt, 1958, p. 7).

Há muitas questões importantes que podem ser levantadas sobre a distinção controversa de Arendt entre trabalho e obra, mas quero me concentrar na ação – a atividade que está no cerne da política. O que Arendt quer dizer quando afirma que a ação corresponde à condição humana da pluralidade? Pluralidade significa que cada um de nós tem uma perspectiva distinta do mundo. Podemos expressar essa distinção e distinguir a nós mesmos comunicando quem somos em público. O discurso e a ação revelam essa distinção de quem somos. A ação, para Arendt, é a capacidade de iniciar, de começar algo novo. Todo ser humano tem essa capacidade, embora ela possa permanecer adormecida, ser suprimida ou mesmo destruída pela dominação total. "A ação e o discurso são tão intimamente relacionados porque o ato primordial e especificamente humano deve conter, ao mesmo tempo, resposta à pergunta que se faz a todo recém-chegado: 'Quem és?' Essa revelação de quem alguém é está implícita, tanto em suas palavras quanto em seus feitos" (Arendt, 1958a, p. 178).

A ação está também fundada na natalidade – "o novo começo inerente ao nascimento pode fazer-se sentir no mundo somente porque o recém-chegado possui a capacidade de iniciar algo novo, isto é, de agir" (Arendt, 1958a, p. 9). A natalidade refere-se, é claro, ao nascimento, mas Arendt realça um "segundo nascimento" por meio do qual, engendramos um novo começo. Embora ela enfatize a capacidade humana de começar, iniciar, pôr em movimento algo novo, não agimos no isolamento. Agimos em *concerto* com os nossos companheiros seres humanos e revelamos quem somos como indivíduos distintos. Uma das concepções mais originais de Arendt é a ideia de espaços públicos. Os espaços públicos não existem naturalmente; eles precisam ser criados artificialmente por seres humanos. Estes são os espaços em que agimos, falamos, formamos e testamos opiniões, ao debatermos uns com os outros. Estritamente falando, a política surge *entre* os seres humanos. Arendt também destaca a afinidade entre política e as artes performáticas.

> Artistas performáticos – dançarinos, atores de teatro, músicos e afins – precisam de um público para mostrar seu virtuosismo, assim como quem age precisa da presença de outras pessoas diante de quem possam

> aparecer; ambos precisam de um espaço publicamente organizado para a sua "obra" e ambos dependem de outros para a própria atuação (Arendt, 1977, p. 154).

Arendt recorre ao conceito grego de isonomia – igualdade política – para explicar a política. Tradicionalmente, as questões políticas básicas têm sido quem governa quem, quais são os diferentes tipos de governo e quais são as fontes de sua legitimidade. Mas Arendt concebe a política de uma maneira muito mais radical. A política é uma forma de *não governar*; a política não envolve um indivíduo ou um grupo governando os outros. Pelo contrário, a igualdade política é essencial para a política; debatemos e agimos entre nossos pares. Os indivíduos não nascem iguais: eles têm habilidades e talentos diferentes. A isonomia na pólis grega "garantiu… igualdade, mas não porque todos os homens nasceram ou foram criados iguais, mas, pelo contrário, porque os homens eram por natureza… não iguais, e precisavam de uma instituição artificial, a pólis, que, em virtude de suas leis [*nomos*], os tornaria iguais... A igualdade da pólis grega, sua isonomia, era um atributo da pólis e não dos homens, que recebiam sua igualdade em virtude da cidadania, não em virtude do nascimento" (Arendt, 1965b, p. 23). Na pólis grega, ninguém poderia ser livre senão entre seus pares. Na pólis, a liberdade existe apenas entre politicamente iguais.

> A razão dessa insistência sobre a interconexão entre liberdade e igualdade no pensamento político grego era que se compreendia que a liberdade se manifestava em

104 | Por Que Ler Hannah Arendt Hoje?

> certas atividades humanas, mas de modo algum em todas elas, e que essas atividades só podiam aparecer e ser reais quando outros as viam, as julgavam, e se lembravam delas. A vida de um homem livre precisava da presença de outros. A própria liberdade precisava, portanto, de um lugar onde as pessoas pudessem se reunir – a ágora, o mercado ou a pólis, o espaço político propriamente dito (Arendt, 1965b, p. 24)

Ao investigar o significado da isonomia e da liberdade na pólis grega, Arendt destaca uma característica essencial da dignidade de *toda* política genuína. Ela está dando corpo ao que esboçou inicialmente em sua discussão sobre o "direito a ter direitos" – a ideia de uma comunidade política (*polity*) e de espaços públicos onde os indivíduos podem agir, deliberar e ser julgados por suas ações e opiniões. Esse entrelaçamento dos conceitos de ação, natalidade, pluralidade e espaços públicos define o contexto para um exame mais aprofundado da liberdade pública mundanamente tangível.

Em seu ensaio *O Que É Liberdade?* Arendt distingue entre o problema filosófico da liberdade, que lida com a questão do livre-arbítrio interior, e a ideia política da liberdade pública do mundo. Ela argumenta que a liberdade pública existia na pólis grega muito antes de pensadores como Santo Agostinho se defrontarem com o problema do livre-arbítrio. A questão filosófica do livre-arbítrio veio à tona quando a liberdade pública começou a desaparecer. Para Arendt, a *raison d'être* da política é a liberdade e seu campo de experiência é a ação no âmbito político. Sem um âmbito público politicamente garantido, a liberdade carece do espaço público onde aparecer. Para esclarecer o que ela quer dizer com liberdade pública, Arendt recorre não apenas à isonomia da pólis grega, mas também à caracterização da liberdade mundana pública pelos *philosophes* do século XVIII.

> A liberdade pública deles não era um âmbito interno para o qual os homens poderiam escapar à vontade das pressões do mundo, nem era o *liberum arbitrium* que faz a vontade escolher entre alternativas. A liberdade para eles só poderia existir em público, era uma realidade tangível e mundana, algo criado por homens para ser desfrutado por homens, em vez de um dom ou uma capacidade; era o espaço público criado pelo homem ou a praça do mercado que a antiguidade reconhecia como a área onde a liberdade aparece e se torna visível para todos (Arendt, 1965b, pp. 120-121).

Como o pescador de pérolas, Arendt remonta aos gregos e aos *philosophes* do século XVIII para recuperar o que *é* (não meramente o que *era*) a liberdade pública mundanamente tangível – o tipo de liberdade que os regimes totalitários procuravam destruir. Essa é a liberdade pública exibida pelos Pais Fundadores em seus debates públicos sobre a fundação de uma nova república. E essa é a liberdade pública tangível que ganhou vida em todas as manifestações do espírito revolucionário, desde o século XVIII até a insurreição de Budapeste em 1956. A liberdade pública é uma realização *positiva* no mundo que surge quando uma pluralidade de seres humanos age e

106 | Por Que Ler Hannah Arendt Hoje?

debate em espaços públicos, compartilha e testa opiniões e busca persuadir uns aos outros.

Arendt também distingue cuidadosamente a liberdade pública da libertação. A libertação é sempre a libertação *de* algo ou de alguém – seja a libertação da miséria da pobreza, seja a dos governantes opressivos. A distinção que Arendt delineia entre liberdade pública e libertação é uma de suas distinções mais importantes e é relevante para a política contemporânea, onde há uma tendência de fundir ou confundir libertação e liberdade. Considere, por exemplo, uma das principais alegações que o governo Bush utilizou para justificar a intervenção militar de 2003, no Iraque. O público estadunidense foi levado a acreditar que, com a derrubada de Saddam Hussein, a liberdade floresceria no Iraque e se espalharia por todo o Oriente Médio. Agora sabemos que essa foi uma ilusão desastrosa. A libertação dos opressores pode ser uma condição *necessária* para a liberdade, mas nunca é uma condição *suficiente* para a conquista da liberdade pública positiva. A derrubada de tiranos, ditadores e líderes totalitários não conduz, por si só, à liberdade positiva tangível. Esta é uma lição amarga que deve ser aprendida sempre de novo. Mesmo agora, na guerra contra o ISIS, certamente não há garantia de que a "vitória militar" acarretará liberdade pública na região.

Há outra razão pela qual a distinção de Arendt entre liberdade pública e libertação é importante. Muitos pensadores liberais e libertários identificam liberdade (*freedom*) com liberdade (*liberty*) negativa. Supostamente, somos livres quando minimizamos ou eliminamos qualquer

Pluralidade, Política e Liberdade Pública | 107

"coerção" por parte do Estado ou do governo. Esses pensadores desconfiam profundamente da ideia de liberdade pública positiva, porque acham que ela nos leva a descer a ladeira escorregadia rumo à opressão e até ao totalitarismo. O que é tão impressionante sobre a caracterização de Arendt da liberdade pública é que ela se opõe a todas as formas de opressão e dominação autoritárias. Pelo contrário, ela desenvolveu sua ideia de liberdade pública como resposta ao regime autoritário e ao totalitarismo.

Podemos aprofundar nosso entendimento da concepção de política de Arendt quando percebemos o quanto ela está relacionada à sua compreensão do poder, que ela contrasta com a violência. Em seu ensaio *Sobre a Violência*, Arendt cita C. Wright Mills, que afirma enfaticamente: "Toda política é uma luta pelo poder. E o tipo extremo do poder é a violência". Essa declaração ecoa "a definição de Max Weber do Estado como 'o domínio dos homens sobre os homens baseado nos meios da violência legítima, isto é, supostamente legítima'" (Arendt, 1970, p. 35). Esse paradigma popular do poder tão arraigado tem uma longa história; o poder é entendido como o domínio de um indivíduo, grupo ou Estado *sobre* os outros; envolve mando e obediência. Se é assim que se concebe o poder, então, faz todo o sentido afirmar que o tipo extremo do poder é a violência. Arendt entendeu bem esse conceito tradicional de poder. Em *Origens do Totalitarismo*, ela argumenta que os regimes totalitários o levam a seu ponto extremo. Mas Arendt, em seu empenho para defender a dignidade da política, critica essa ideia predominante sobre o poder. Poder e violência não são apenas distinguíveis; eles

108 | Por Que Ler Hannah Arendt Hoje?

são conceitos *antitéticos*. Onde a verdadeira política reina, há persuasão racional, não violência. E quando a violência reina, ela destrói o poder.

> O poder corresponde à capacidade humana não apenas de agir, mas de agir em concerto. O poder nunca é propriedade de um indivíduo: ele pertence a um grupo e permanece existindo apenas enquanto o grupo se mantém unido. Quando dizemos que alguém está "no poder", na verdade nos referimos a ele ser empoderado por certo número de pessoas a agir em seu nome. No momento em que o grupo do qual o poder se originou inicialmente (*potestas in populo*, sem um povo ou um grupo não há poder) desaparece, "seu poder" também desaparece (Arendt, 1970, p. 44).

Vamos analisar esta passagem cuidadosamente. Vimos que agir não é agir sozinho, mas agir em concerto com nossos companheiros seres humanos em espaços públicos que criamos mutuamente. Poder é o que torna possível agir em concerto. Consequentemente, diferente da força, que pode ser uma característica de um único indivíduo, o poder nunca é um atributo de um indivíduo singular; é um atributo do grupo que age em concerto. Isso é semelhante à maneira como Arendt fala de isonomia, que é um atributo de uma comunidade política, não de indivíduos isolados.

O próximo ponto é extremamente importante. O poder de um grupo existe apenas enquanto o grupo age em conjunto. Quando grupos políticos se dissolvem ou se desintegram, seu poder desaparece. Quando Arendt fala

Pluralidade, Política e Liberdade Pública | 109

de alguém "no poder", ela está se referindo à liderança política. A pessoa no poder não *governa* os membros do grupo. Ela é empoderada por eles, e eles sempre podem retirar seu poder da pessoa (ou grupo) empoderado. O que é notável na concepção de poder de Arendt (e sua compreensão da política) é que ela não deve ser compreendida de maneira vertical e hierárquica, que implicaria o controle de um indivíduo ou grupo *sobre* os outros. O poder é um conceito horizontal: ele surge e cresce quando uma pluralidade de indivíduos age em conjunto e trata uns aos outros como politicamente iguais.

> O poder só surge se, e quando as pessoas se unem com a finalidade de agir, e desaparecerá quando, por qualquer razão, elas dispersam e abandonam umas às outras. Portanto, prometer e se comprometer, combinar e fazer acordos são os meios pelos quais o poder é conservado; onde e quando as pessoas conseguem manter intacto o poder que brotou entre elas ao longo de qualquer ato ou feito em particular, eles também estão no processo de fundação, de constituir uma estrutura mundana estável para abrigar, por assim dizer, seu poder combinado de ação (Arendt, 1965b, p. 174).

Dada essa concepção de poder e empoderamento criada quando os seres humanos agem juntos, podemos compreender por que Arendt afirma que poder e violência são antitéticos. A violência é essencialmente antipolítica. Ela usa ferramentas, armas e sofisticados dispositivos tecnológicos para destruir o poder.

110 | Por Que Ler Hannah Arendt Hoje?

"A violência pode destruir o poder: do cano de uma arma brota o comando mais eficaz, resultando em obediência instantânea e perfeita. O que nunca pode brotar daí é o poder" (Arendt, 1970, p. 53). Além disso, quando os regimes existentes começam a perder seu poder, eles recorrem à violência. Mas assim como a violência pode destruir o poder, o poder pode esmagar a violência. Testemunhamos essa efetividade do poder como empoderamento não apenas com Gandhi e o movimento estadunidense pelos direitos civis, mas também nos movimentos que brotaram por todo o leste da Europa e levaram à derrubada dos regimes comunistas. Em cada um desses casos, temos exemplos da expansão e da efetividade do poder não violento. Arendt, é claro, está ciente de que no mundo "real" normalmente encontramos uma combinação de violência e poder. No entanto, é politicamente importante distinguir cuidadosamente entre poder como empoderamento e violência. Ela procura capturar algo que é fundamental sobre empoderamento e liberdade pública tangível.

Para completar a densa descrição da política de Arendt, uma descrição que visa mostrar a dignidade da política, quero discutir o papel da persuasão e do julgamento na política. Ao longo de sua análise da política, Arendt enfatiza a estreita conexão entre ação e discurso. O tipo de discurso que é tão fundamental para a política é onde procuramos convencer nossos companheiros seres humanos com quem compartilhamos um mundo comum. A persuasão envolve debate e discussão livres e abertos com nossos pares e o exercício do juízo. Em seu ensaio *A Crise da Cultura*, Arendt faz a surpreendente afirmação de que na primeira

Pluralidade, Política e Liberdade Pública | 111

parte da *Crítica do Juízo*, de Kant, na qual ele lida explicitamente com o juízo estético, encontramos efetivamente sua filosofia política não escrita. Ela tem em mente a análise de Kant do juízo reflexionante, o modo de pensar sobre os particulares que não subsume os particulares sob uma regra universal. O juízo envolve diferenciação e discernimento do que é distintivo na situação particular que se enfrenta. O juízo requer uma "mentalidade alargada", na qual se exercita a imaginação de modo a se poder ser capaz de pensar no lugar de todos os outros.

> A pessoa que julga – como Kant diz lindamente – só pode "cortejar o consentimento de todos os demais", na esperança de afinal chegar a um acordo com eles. Esse "cortejar" ou persuadir corresponde intimamente ao que os gregos chamavam de *peithein*, o discurso convincente e persuasivo que eles consideravam a forma tipicamente política de as pessoas conversarem umas com as outras. A persuasão regia as relações dos cidadãos da pólis porque excluiu a violência física (Arendt, 1977, p. 222).

Kant foi particularmente perspicaz ao basear o juízo na faculdade do gosto, mas o gosto não deve ser identificado com sentimentos subjetivos privados. O gosto é baseado no *sensus communis* – um sentimento que nos ajusta à comunidade humana.

Ao citar Kant, Arendt está antecipando sua própria compreensão do juízo – um modo distinto de pensar que não é uma expressão de sentimento subjetivo nem uma

112 | Por Que Ler Hannah Arendt Hoje?

universalidade característica do raciocínio puro; é um modo de pensar que lida com situações únicas em sua particularidade. E esse tipo de pensamento é essencial para a política. Muitas das principais características da concepção de julgamento político de Arendt estão resumidas na seguinte passagem:

> O poder do juízo repousa em um acordo potencial com os outros, e o processo de pensamento que é ativo ao julgar alguma coisa não é, como o processo do puro raciocínio, um diálogo entre mim e mim mesmo, mas se encontra sempre e sobretudo, mesmo quando estou totalmente sozinho ao tomar uma decisão, em uma comunicação antecipada com os outros com quem sei que tenho de finalmente chegar a um acordo. Deste acordo potencial o juízo deriva sua validade específica. Isso significa, por um lado, que tal juízo tem de se liberar das "condições subjetivas privadas", isto é, das idiossincrasias que naturalmente determinam a perspectiva de cada indivíduo em sua privacidade e são legítimas, desde que sejam apenas opiniões mantidas privadamente, mas que não são adequadas para entrar na praça pública e não possuem validade nenhuma no domínio público. E essa maneira alargada de pensar, que enquanto juízo sabe como transcender suas próprias limitações individuais, por outro lado, não pode funcionar no estrito isolamento ou estar só; precisa da presença de outros "em cujo lugar" tem de pensar, cujas perspectivas têm de levar em consideração e sem os quais nunca terá, de modo algum, a oportunidade de operar (Arendt, 1977, p. 220).

Pluralidade, Política e Liberdade Pública | 113

Procurei desenvolver uma explicação da concepção de Arendt sobre o significado e a dignidade da política explorando a interdependência e o entrelaçamento dos conceitos de ação, pluralidade, natalidade, discurso, espaços públicos, isonomia, liberdade pública tangível, poder, opinião, persuasão e juízo. Arendt sabia que quando falava sobre o que "a política realmente é" ou o que "a política significa", ela estava contrastando sua análise com a compreensão comum da política hoje. Ela percebeu claramente que a "atrofia do âmbito político é uma daquelas tendências objetivamente demonstráveis da era moderna" (Arendt, 2003, p. 155). A questão que precisa ser levantada é: quão relevante é a análise dela sobre o significado e a dignidade da política para nós hoje? Eu quero responder a isso em várias etapas. Primeiro, quero mostrar que a concepção de política de Arendt não é "meramente" teórica. Examinarei o que ela considerou um dos momentos exemplares privilegiados em que a política era praticada – a Revolução Americana. Em segundo lugar, quero explorar o que Arendt quer dizer com "o espírito revolucionário". Em terceiro lugar, mostrarei como Arendt nos proporciona uma perspectiva crítica para julgar as falhas da política contemporânea e nos oferece uma fonte de inspiração para a ação política.

A Revolução Americana e o Espírito Revolucionário

116 | Por Que Ler Hannah Arendt Hoje?

A discussão mais detalhada de Arendt de um exemplo paradigmático de política é aquela sobre a Revolução Americana. Em *Sobre a Revolução*, ela analisa o significado moderno de revolução e estabelece um contraste agudo entre as revoluções americana e francesa. Revolução, no sentido moderno, não deve ser confundida ou identificada com rebelião. Há uma longa história das rebeliões que buscavam a libertação em relação a tiranos e opressores. Mas a ideia moderna de revolução que emerge no século XVIII envolve tanto libertação quanto liberdade – e por liberdade, Arendt entendia a liberdade pública tangível elaborada na sua concepção de política. A finalidade da rebelião é a libertação, mas a da revolução é a fundação da liberdade. Embora tanto a Revolução Francesa quanto a Americana tenham começado desta forma, Arendt argumenta que a Revolução Francesa foi dominada pela "questão social" – a miséria da pobreza em massa que acabou levando à violência e ao terror. Certamente havia pobreza e escravidão nas colônias americanas, mas elas eram obscurecidas e escondidas; nada comparável à situação extrema na França. Diferentemente dos franceses, que sofreram sob uma monarquia absolutista e não tiveram nenhuma experiência real de autogoverno, as colônias americanas experienciaram uma longa tradição de autogoverno, remontando ao Pacto do Mayflower.

Inicialmente, os colonos americanos, em oposição ao governo britânico, queriam *restabelecer* seus direitos como ingleses; eles não eram revolucionários. "As ações e realizações que a libertação exigiu deles os lançaram aos assuntos públicos, onde começaram a constituir de maneira intencional ou, na maioria das vezes, inesperada, aquele

A Revolução Americana e o Espírito Revolucionário | 117

espaço de aparências onde a liberdade pode exibir seus encantos e tornar-se uma realidade visível e tangível" (Arendt, 1965b, p. 26). A guerra para libertar-se dos britânicos não é o que constitui o cerne da revolução. Pelo contrário, os Pais Fundadores tomaram consciência de que estavam em um processo de criação de algo novo, de fundar um novo corpo político, uma nova república que nunca havia existido antes. Este espírito revolucionário foi expresso no calor da elaboração da Constituição, que emergiu quase tão logo as colônias declararam sua independência:

> pois, nos EUA, à revolta armada das colônias e à Declaração de Independência seguiu-se a irrupção espontânea da elaboração de constituições – como se, nas palavras de John Adams, "treze relógios batessem ao mesmo tempo" –, de forma que não houve nenhuma brecha, nenhum hiato e praticamente nem tempo para respirar entre a guerra de libertação, a luta pela independência que era a condição para a liberdade e a constituição dos novos estados (Arendt, 1965b, pp. 139-140).

Diferentemente de muitos historiadores que identificaram a Revolução Americana com a guerra da libertação, Arendt enfatiza que o verdadeiro elemento revolucionário deve ser identificado com a elaboração da constituição. "Constituição" é um termo equívoco. Pode referir-se ao ato de constituir ou às leis do governo que são constituídas. O processo e o resultado de ambos são importantes, mas Arendt enfatiza o *ato de constituir*. Aqui é onde o debate, a deliberação, a contestação e o compartilhamento de opiniões acontecem; é onde a liberdade pública

118 | Por Que Ler Hannah Arendt Hoje?

é manifestada. Ela endossa a definição de Thomas Paine, que resume a experiência americana de elaborar a constituição: "uma constituição não é o ato de um governo e sim de um povo constituindo um governo" (Arendt, 1965b, p. 143). A liberdade pública apareceu quando as colônias escreveram suas próprias constituições estaduais e, novamente, quando a Constituição Federal foi redigida na Filadélfia. A minuta da Constituição requeria ratificação de, pelo menos, nove colônias. Em assembleias estaduais especialmente convocadas, os méritos e defeitos da nova Constituição foram debatidos intensamente. Nenhuma questão preocupava mais os redatores da Constituição que a separação dos poderes e o equilíbrio de poderes entre os estados e o governo federal. O verdadeiro objetivo da Constituição americana não era limitar o poder, mas criar um novo poder – não o poder sobre, mas a atribuição de poder a um governo federal. Isto, claro, foi combinado à Declaração de Direitos, que havia sido concebida para limitar o abuso de poder pelo novo governo. A Constituição Americana finalmente consolidou o poder da Revolução. A combinação do governo limitado com a separação de poderes, o equilíbrio de poderes entre os estados e um governo federal com poder foi a conquista ímpar da Revolução Americana.

Este breve esboço da Revolução Americana exemplifica o que Arendt considera ser próprio da dignidade da política. Os Fundadores estavam agindo em concerto para criar uma nova comunidade política, uma nova república. Eles estavam conferindo poder a uma nova forma de governo. Ainda que houvesse uma longa tradição de autogoverno local, os Fundadores criaram novos espaços pú-

A Revolução Americana e o Espírito Revolucionário | 119

blicos onde eles pudessem aparecer e debater uns com os outros. Eles viam isso não como um fardo, mas como uma alegria em experienciar sua liberdade pública, o que eles chamavam de "felicidade pública". Os Fundadores tinham muitas diferenças agudas e pungentes, mas, mesmo assim, tratavam uns aos outros como politicamente iguais. Eles estavam envolvidos em argumentação e em persuasão intensas. Quando necessário, faziam concessões. A violência, é claro, estava associada à guerra pela libertação, mas não tem papel *nenhum* na conquista revolucionária de criar uma nova república. A Revolução Americana é um dos momentos privilegiados na história em que o significado e a dignidade da política são concretamente manifestados.

Arendt celebra a Revolução Americana e fala de seu "sucesso", mas é extremamente crítica ao que aconteceu *depois* da ratificação da Constituição. Houve um fracasso em recordar e compreender conceitualmente o que era próprio do espírito revolucionário. Também houve um fracasso em proporcionar a ele uma instituição política duradoura. Não foi reservado nenhum espaço para o exercício das próprias qualidades que haviam conduzido à fundação da república. Havia uma profunda perplexidade que parecia insolúvel. "Essa perplexidade consistia em que o princípio da liberdade pública e da felicidade pública, sem o qual jamais ocorreria qualquer revolução, continuasse como privilégio da geração dos fundadores" (Arendt, 1965b, p. 235). O problema era como criar instituições políticas estáveis e duradouras de forma que a liberdade e a felicidade públicas, tão estimadas pelos revolucionários Fundadores, pudessem continuar a florescer. Thomas Jefferson foi quem

120 | Por Que Ler Hannah Arendt Hoje?

reconheceu de modo mais perspicaz esse problema e lutou contra ele. Ele percebeu que, ainda que a Revolução tivesse dado liberdade ao povo, ela havia fracassado em criar instituições políticas onde essa liberdade pudesse continuar a ser exercida pelas gerações seguintes. "Apenas os representantes do povo, e não o próprio povo, tinham oportunidade de se engajar naquelas atividades de 'se expressar, discutir e decidir' que, em sentido positivo, são as atividades da liberdade" (Arendt, 1965b, p. 238).

No final de sua carreira, Jefferson propôs um sistema de distritos locais ou "repúblicas elementares" nos quais as pessoas mesmas, não apenas seus representantes, pudessem expressar sua liberdade pública. Esta não foi uma completa novidade nos EUA; havia sido praticada nas assembleias municipais nas quais os cidadãos locais participavam diretamente em seu autogoverno. O maior medo de Jefferson era que sem tais "repúblicas elementares" ativas, o espírito da liberdade pública se atrofiasse.

> O próprio Jefferson sabia muito bem que o que ele propunha como a "salvação da república" era, na verdade, a salvação do espírito revolucionário por meio da república. Suas exposições do sistema distrital sempre começavam lembrando que "o vigor dado à nossa revolução em seu começo" se devia às "pequenas repúblicas", a como elas "lançaram a nação inteira a uma ação enérgica" e como, numa ocasião posterior, ele sentira "os alicerces do governo se abalarem sob [seus] pés devido aos municípios da Nova Inglaterra", sendo tão grande "a energia dessa organização" que "não existia um

A Revolução Americana e o Espírito Revolucionário | 121

> indivíduo em seus estados cujo corpo não tivesse sido lançado à ação com todo o seu ímpeto". Assim, ele esperava que os distritos permitissem aos cidadãos continuar a fazer o que tinham sido capazes de fazer durante os anos da revolução, isto é, agir por iniciativa própria e participar nos assuntos públicos, conforme eram encaminhados dia a dia" (Arendt, 1965b, p. 254).

Ao citar Jefferson, Arendt está falando com sua *própria* voz – não apenas sobre a Revolução Americana, mas sobre a irrupção espontânea do espírito revolucionário, desde o século XVIII. Essas revoluções criaram "ilhas de liberdade" (Arendt, 1977, p. 6). Em cada instância havia uma criação espontânea de conselhos pelas próprias pessoas. Ela cita os exemplos das *sociétés révolutionnaires* francesas, a Comuna de Paris de 1871, os *soviets* russos criados em 1905 e novamente em 1917, e os *Räte*, que surgiram na Revolta Espartaquista na Alemanha, como manifestações do espírito revolucionário. A cada vez que esses conselhos apareciam, surgiam como órgãos espontâneos do povo, e também eram rapidamente destruídos – frequentemente por "revolucionários profissionais". Ela percebeu que esta rara criação de uma "ilha de liberdade" surgiu mais uma vez na *résistance* francesa. De repente, novamente "sem pressenti-lo e provavelmente contra suas intenções conscientes", os participantes na *résistance* constituíram "quer o quisessem ou não, um domínio público onde – sem a parafernália da oficialidade e ocultos dos olhos de amigos e inimigos – todos os negócios relevantes nos assuntos do país foram encaminhados em feitos e palavras" (Arendt,

122 | Por Que Ler Hannah Arendt Hoje?

1977, p. 3). Um dos poetas e escritores franceses favoritos de Hannah Arendt era René Char, que participou na *résistance* francesa. Ela frequentemente citava seu aforismo *"Notre héritage n'est précédé d'aucun testament"* (nossa herança não é precedida de nenhum testamento). Arendt interpretou esse aforismo como se referindo ao "tesouro perdido" da liberdade tangível que os participantes da *résistance* tinham experienciado.

Apesar dos alertas de Arendt acerca dos elementos subterrâneos que se cristalizaram no totalitarismo, muitos dos quais ainda existem hoje, ela também afirmava que a história (*history*) das revoluções – desde o verão de 1776 nos Estados Unidos e o verão de 1789 em Paris até o outono de 1956 em Budapeste – descreve politicamente a estória (*story*) mais recôndita da era moderna. Ainda que esta estória "pudesse ser contada em forma de parábola como a lenda de um antigo tesouro, que surge de modo abrupto e inesperado e desaparece novamente sob diferentes circunstâncias misteriosas, como se fosse uma miragem" (Arendt, 1977, p. 5). É este "tesouro perdido" que Arendt quer recuperar com vistas a manter viva sua memória. Mas, não simplesmente como memória de alguma coisa que aconteceu no passado, mas designando uma possibilidade real enraizada em nossa natalidade, nossa capacidade de agir, de iniciar e de começar algo novo.

A descrição mais entusiástica e vívida de Arendt da irrupção do espírito revolucionário e da emergência do sistema de conselhos é seu ensaio sobre a revolta em Budapeste, em 1956. Embora tenha durado somente 12 dias

A Revolução Americana e o Espírito Revolucionário | 123

e tenha sido massacrada pelos tanques soviéticos, ela exibiu a experiência estimulante das pessoas agindo em concerto e criando sua própria liberdade pública. Houve a criação espontânea dos conselhos operários e revolucionários, "a mesma organização que, por mais de 100 anos, emergiu sempre que se permitiu às pessoas – por uns poucos dias, ou umas poucas semanas ou meses – seguir seus próprios expedientes políticos, sem um governo (ou um programa partidário) impondo de cima" (Arendt, 1958a, p. 497).

> Na Hungria vimos o estabelecimento simultâneo de todo tipo de conselhos, cada um deles correspondendo a um grupo previamente existente no qual as pessoas habitualmente viviam juntas ou se encontravam regularmente e se conheciam. Assim, os conselhos de bairro surgiram da simples convivência e se transformaram em conselhos de distritos e outros conselhos territoriais; os conselhos revolucionários surgiram da luta conjunta; somos tentados a pensar que os conselhos de escritores e artistas nasceram em *cafés*, os conselhos de estudantes e da juventude na universidade, os conselhos militares nas forças armadas, os conselhos de funcionários públicos nos ministérios, os conselhos operários nas fábricas e assim por diante. A formação de um conselho em cada grupo distinto transformou um estar junto meramente aleatório em uma instituição política (Arendt, 1958b, p. 500)

Apesar de todos os elogios de Arendt ao sistema de conselhos, acredito que ela nunca resolveu o problema que tanto preocupava Jefferson: como encontrar uma

124 | Por Que Ler Hannah Arendt Hoje?

instituição política estável e duradoura que abrigue o espírito revolucionário. Sempre que os conselhos emergiam espontaneamente, eles eram rapidamente destruídos. Mas ela apreendeu algo importante sobre o espírito destes conselhos, que ainda é relevante para nós nos dias de hoje. Ela dá expressão ao que muitas pessoas sentem hoje quando escreve o seguinte:

> Os conselhos dizem: queremos participar, queremos debater, queremos que nossas vozes sejam ouvidas em público e queremos ter uma possibilidade de determinar o rumo político de nosso país. Já que o país é grande demais para que todos nós nos reunamos para determinar nosso destino, precisamos de certo número de espaços públicos dentro dele. As cabines em que depositamos nossas cédulas são, sem sombra de dúvida, muito pequenas, pois só têm lugar para um. Os partidos são completamente impróprios; lá somos, quase todos nós, nada mais que o eleitorado manipulado. Mais se apenas dez de nós estivermos sentados em volta de uma mesa, cada um expressando sua opinião, cada um ouvindo as opiniões dos outros, então uma formação racional de opinião pode ocorrer por meio da troca de opiniões (Arendt, 1972, pp. 232-233).

Arendt expressa o que sempre foi fundamental para ela e deveria ser fundamental para nós: o desejo das pessoas de ter suas vozes ouvidas em público, de se tornarem participantes genuínas na determinação de sua vida política. Ela buscou recuperar e conceitualizar o espírito revolucionário no qual a liberdade pública se torna uma realidade viva.

A Revolução Americana e o Espírito Revolucionário | 125

Arendt tinha uma sensibilidade aguçada para as tendências predominantes na sociedade moderna que minam, distorcem e suprimem a política e a liberdade pública. Mas ela nunca desistiu de acreditar no poder do espírito revolucionário para irromper novamente. Em sua própria vida, ela viu isso ganhar vida na revolta em Budapeste, em 1956, e nos primeiros dias do movimento dos Direitos Civis nos Estados Unidos. Se ela tivesse vivido para ver a emergência dos movimentos políticos que se alastraram pela Europa Ocidental e Central na década de 1980, ela os teria citado como uma nova evidência do poder do espírito revolucionário – o poder que brota quando indivíduos agem em conjunto. Estes foram movimentos que começaram com pequenos grupos de pessoas sentadas ao redor de mesas, debatendo e compartilhando opiniões. Líderes desses movimentos, como Adam Michnik na Polônia, extraíram suas inspirações dos escritos de Arendt. O que torna Arendt tão relevante hoje é a combinação de seus graves alertas sobre as tendências predominantes na sociedade, que se assemelham àquelas que cristalizaram no totalitarismo, com sua profunda convicção acerca da possibilidade de as pessoas se reunirem e agirem em concerto, exercendo sua liberdade pública e mudando o curso da história.

Responsabilidade Pessoal e Responsabilidade Política

128 | Por Que Ler Hannah Arendt Hoje?

Responsabilidade é um tema, em suas muitas variações, que percorre toda a vida e a obra de Hannah Arendt. Em sua vida pessoal, vimos como, quando fugiu da Alemanha em 1933, ela tomou a decisão de assumir a responsabilidade de se engajar em uma atividade prática para se opor aos nazistas. No início da década de 1940, ela argumentou que o povo judeu deveria assumir a responsabilidade por formar um exército internacional para se juntar a outros na luta contra Hitler. Quando ela acreditou que a ideologia extrema estava dominando o movimento sionista e ignorando as complexidades do problema árabe-judaico na Palestina, ela sentiu que era sua responsabilidade discordar. Após o fim da Segunda Guerra Mundial, ela discutiu outros aspectos da responsabilidade. Ela foi muito crítica ao governo Adenauer na Alemanha por sua relutância em apontar e julgar ex-nazistas que haviam sido assassinos. Ela se opôs fortemente à ideia de culpa coletiva. Isso obscureceu a distinção entre aqueles que eram realmente responsáveis e culpados de assassinato e outros que apoiavam o regime tacitamente. "Onde todos são culpados, ninguém, em última análise, pode ser julgado" (Arendt, 1994, p. 126). O julgamento de Eichmann levantou outras questões sobre responsabilidade. Arendt criticou as desculpas que foram apresentadas em defesa de Eichmann – que ele estava simplesmente seguindo ordens, que estava cumprindo seus deveres como oficial da SS, que ele era uma engrenagem em uma vasta máquina burocrática. Ela também objetou contra a ideia inflada (e equivocada) de que somente Eichmann era responsável pela Solução Final. Ela acreditava que, em um julgamento legal, um *indivíduo* está

Responsabilidade Pessoal e Responsabilidade Política | 129

sendo julgado – e não um sistema burocrático – e a tarefa dos juízes era julgar se Eichmann era culpado e responsável por seus atos criminosos. Os juízes reconheceram a peculiaridade dos crimes de Eichmann quando afirmaram que o grau em que um criminoso estava "próximo ou distante do assassino real nada significa no que diz respeito à responsabilidade. Pelo contrário, em geral, *o grau de responsabilidade aumenta à medida que nos afastamos mais do homem que usa o instrumento fatal com as próprias mãos*" (Arendt, 1965a, p. 247, grifo no original).

O tema mais profundo sobre a responsabilidade que percorre todo o seu pensamento – e é tão relevante hoje – é a necessidade de assumir a responsabilidade por nossas vidas políticas. Arendt foi implacavelmente crítica de todos os apelos explícitos ou implícitos à necessidade histórica. Em razão de nossa natalidade, nossa ação, nossa capacidade de iniciar, sempre podemos começar algo novo. Arendt rejeitou tanto o otimismo temerário quanto o desespero temerário. Ela foi igualmente crítica da crença de que existe uma lógica oculta da história que resultará inevitavelmente no triunfo da liberdade e a crença de que há uma lógica oculta na história pela qual tudo está indo ladeira abaixo. O Progresso e a Ruína são dois lados da mesma moeda; ambos são artigos de superstição. Ela resistiu tanto à falsa esperança quanto ao falso desespero. Ela foi ousada ao descrever a escuridão de nossos tempos – mentira, engano, autoengano, fabricação de imagens e a tentativa de obliterar a própria distinção entre verdade e falsidade. Ela constantemente advertiu sobre todas as tendências perigosas da vida contemporânea que ainda existem e nos

130 | Por Que Ler Hannah Arendt Hoje?

assombram. Ela também advertiu sobre ceder ao desespero e ao cinismo. Sua exploração do significado e da dignidade da política foi concebida como um ato de recuperação e de restabelecimento – um lembrete de uma possibilidade real enraizada em nossa natalidade. Ela queria manter vivo o espírito revolucionário – a criação espontânea de espaços de liberdade tangível, mundana, pública. Ela estava plenamente consciente da disparidade entre sua concepção de política e os modos como normalmente pensamos a política hoje. Ela certamente não pretendia que sua descrição da política fosse um modelo para a ação. Mas sua defesa da dignidade da política se torna um padrão crítico para *julgar* o que está faltando em nossa política contemporânea, onde há tão pouca oportunidade de participar genuinamente, de agir em concerto e de debater com nossos pares. Temos de resistir à tentação de recusar a política, de assumir que nada pode ser feito diante de toda sua repugnância e sua corrupção atuais. Fazer isso é permitir que nos tornemos cúmplices do pior. O projeto de toda a vida de Arendt era entender, compreender e fazer isso de um modo que enfrenta honestamente a escuridão de nossos tempos *e* as fontes de iluminação. O que ela diz sobre compreensão no começo de *Origens do Totalitarismo* é o que ela procurou fazer ao longo de sua vida.

> Compreender não significa negar o ultrajante, deduzir o sem precedente dos precedentes ou explicar os fenômenos por analogias e generalizações por meio das quais deixem de ser sentidos o impacto da realidade e o choque da experiência. Significa, mais propriamente,

Responsabilidade Pessoal e Responsabilidade Política | **131**

> examinar e suportar conscientemente o fardo que nosso século colocou sobre nós – nem negando sua existência nem submetendo-se mansamente a seu peso. A compreensão significa, em suma, enfrentar a realidade de modo impremeditado e atento, e resistir a ela – seja ela qual for (Arendt, 1976, p. viii).

A tarefa que ela se propôs agora é *nossa* – suportar o fardo de *nosso* século e não negar sua existência nem nos submeter mansamente ao seu peso. Devemos ler Arendt hoje por sua perspicácia em compreender os perigos que ainda enfrentamos e ter nos advertido sobre nos tornarmos indiferentes ou cínicos. Ela nos exortou a assumir a responsabilidade por nossos destinos políticos. Ela nos ensinou que temos a capacidade de agir em concerto, de iniciar, de começar e de lutar para tornar a liberdade uma realidade mundana. "O começo, antes de se tornar um evento histórico, é a capacidade suprema do homem: politicamente é idêntico à liberdade do homem" (Arendt, 1976, p. 479).

Obras Citadas

134 | Por Que Ler Hannah Arendt Hoje?

ALLEN, D. S. (2004) **Talking to strangers**. Chicago: University of Chicago Press.

ARENDT, H. (1958a) **The human condition**. Chicago: University of Chicago Press. Trad. bras.: *A condição humana*. 13ª ed. Trad. Roberto Raposo. Rev. Téc. Adriano Correia. Rio de Janeiro: Forense Universitária, 2016.

_____. (1958b) **The origins of totalitarianism**, 2nd ed. New York: Meridian Books.

_____. (1959) "Reflections on Little Rock." *Dissent* 6. 1, pp. 45-56. Trad. bras.: "Reflexões sobre Little Rock". *In*: ARENDT, H. **Responsabilidade e julgamento**. Rosaura Eichenberg. São Paulo: Companhia das Letras, 2004, pp. 261-281.

_____. (1965a) **Eichmann in Jerusalem**: A report on the banality of evil. 2nd ed. New York: Penguin Books. Trad. bras.: *Eichmann em Jerusalém:* um relato sobre a banalidade do mal. Trad. José Rubens Siqueira. São Paulo: Companhia das Letras, 1999.

_____. (1965b) **On revolution**. New York: Viking Press. Trad. bras.: *Sobre a revolução*. Trad. Denise Bottmann. São Paulo: Companhia das Letras, 2011.

_____. (1968) **Men in dark times**. New York: Harcourt Brace & World. Trad. bras.: *Homens em tempos sombrios*. Trad. Denise Bottmann. São Paulo: Companhia de Bolso, 2008.

_____. (1970) **On violence**. New York: Harcourt, Inc. Trad. bras.: *Sobre a violência*. Trad. André Duarte. Rio de Janeiro: Civilização Brasileira, 2009.

Obras Citadas | 135

____. (1971) "Thinking and moral considerations". **Social Research** 38. 3, pp. 417-446. Trad. bras.: "Pensamento e considerações morais". *In*: ARENDT, H. *Responsabilidade e julgamento*. Rosaura Eichenberg. São Paulo: Companhia das Letras, 2004, pp. 226-257.

____. (1972) **Crises of the republic**. New York: Harcourt Brace Jovanovich. Trad. bras.: *Crises da república*. 3ª ed. Trad. José Volkmann. São Paulo: Perspectiva, 2019.

____. (1976) **The origins of totalitarianism**, new edition with added prefaces. New York: Harcourt, Inc. Trad. bras.: *Origens do totalitarismo: antissemitismo, imperialismo, totalitarismo*. Trad. Roberto Raposo. São Paulo: Companhia de Bolso, 2013.

____. (1977) **Between past and future**. New York: Penguin Books. *Entre o passado e o futuro*. 7ª ed. Trad. Mauro W. B. Almeida. São Paulo: Perspectiva, 2011.

____. (1994) **Essays in understanding**. J. Kohn (ed.). Harcourt Brace & Co. Trad. bras.: *Compreender: formação, exílio e totalitarismo – Ensaios (1930-1954)*. Trad. Denise Bottmann. São Paulo: Companhia das Letras; Belo Horizonte: Ed. UFMG, 2008.

____. (2003) **The promise of politics**. J. Kohn (ed.). New York: Schocken Books. Trad. bras.: *A promessa da política*. 2ª ed. Trad. Pedro Jorgensen Jr. Rev. téc. E. Jardim. Rio de Janeiro: Bertrand Brasil, 2009.

136 | Por Que Ler Hannah Arendt Hoje?

_____. (2007) **The Jewish writings**. J. Kohn and R. H. Feldman (ed.). New York: Schocken Books. Trad. bras.: *Escritos judaicos*. Trad. Laura Mascaro, Luciana Oliveira e Thiago Dias da Silva. São Paulo: Amarilys, 2016.

_____. (2018) **Thinking without a bannister**. J. Kohn (ed.). New York: Schocken Books.

ARENDT, H.; JASPERS, K. (1992) **Correspondence 1926-1979**. New York: Harcourt Brace Jovanovich.

BERNSTEIN, R. J. (1986) "Rethinking the social and the political". *In*: BERNSTEIN, R. J. **Philosophical profiles**, pp. 238-259. Philadelphia: University of Pennsylvania Press.

_____. (1996) **Hannah Arendt and the Jewish question**. Cambridge: Polity.

_____. (2016) "Hannah Arendt: thought-defying evil". *In*: BERNSTEIN, R. J. **Pragmatic encounters**, pp. 140-157. New York: Routledge.

BROWNING, C. (2003) **Collected memories**: Holocaust history and postwar memories. Madison: University of Wisconsin Press.

GINES, K. T. (2014) **Hannah Arendt and the negro question**. Bloomington: Indiana University Press.

LEFORT, C. (1988) "Hannah Arendt and the question of the political". *In*: LEFORT, C. **Democracy and political theory**, pp. 45-55. Minneapolis: University of Minnesota Press. Trad. bras.: Hannah Arendt e a questão do político. *In*: LEFORT, Claude. *Pensando o político*: ensaios sobre democracia, revolução e liberdade. Rio de Janeiro: Paz e Terra, 1991.

LEVI, P. (1996) **Survival in Auschwitz**. New York: Touchstone. Trad. bras.: *É isto um homem?* Trad. Luigi Del Re. Rio de Janeiro: Rocco, 2013.

YOUNG-BRUEHL, E. (1982) **Hannah Arendt**: for love of the world. New Haven: Yale University Press. Trad. bras.: *Hannah Arendt*: por amor ao mundo. Trad. Antonio Transito. Rio de Janeiro: Relume-Dumará, 1997.

Referências Bibliográficas da Apresentação

ARENDT, H. **Correspondence – Richard Bernstein**, 1972-1974. Library of Congress. Hannah Arendt Papers, Box 8.

_____. **The Jew as pariah:** *Jewish identity and politics in the modern age.* Ed. Ron Feldman. Nova York: Groove Press, 1978.

_____. "Sobre Hannah Arendt". Trad. A. Correia. **Inquietude**, vol. 1, nº 2, 2010, pp. 123-162.

_____. "Pesadelo e fuga". **Compreender: formação, exílio e totalitarismo**. Trad. D. Bottmann. Belo Horizonte: UFMG; São Paulo: Companhia das Letras, 2008, pp. 162-164.

_____. "A controvérsia Eichmann. Uma carta a Gershom Scholem". In: **Escritos Judaicos**. Trad. Laura Mascaro, Luciana Oliveira e Thiago Dias da Silva. Barueri, SP. Manole, 2016, pp. 755-763.

BERNSTEIN, Richard. **Praxis & action** – *contemporary philosophies of human activity.* Philadelphia: University of Pennsylvania Press, 1971.

_____. "Hannah Arendt: the ambiguities of theory and practice". In: BALL, Terence (ed.). **Political theory and praxis:** *new perspectives.* Minneapolis: University of Minnesota Press, 1977, pp. 141-158.

_____. "Rethinking the social and the political". In: **Philosophical profiles**. Philadelphia: University of Pennsylvania Press, 1986, pp. 238-259.

_____. **Hannah Arendt and the Jewish question**. Cambridge: The MIT Press, 1996.

_____. "Did Hannah Arendt change her mind? From radical evil to the banality of evil". In: MAY, Larry & KOHN, Jerome (eds.). **Hannah Arendt: twenty years later**. Cambridge: The MIT Press, 1997.

_____. **Radical evil – a philosophical interrogation**. Maldon: Polity Press, 2002.

_____. "Are Arendt's reflections on evil still relevant?". In: BENHABIB, Seyla (ed.). **Politics in dark times**. Cambridge: Cambridge University Press, 2010a, pp. 293-304.

_____. "Is evil banal? A misleading question". In: BERKOWITZ, R., KATZ, J., KEENAN, Th. (ed.). **Thinking in dark times** – *Hannah Arendt on ethics and politics*. Nova York: Fordham University Press, 2010b, pp. 131-136.

_____. "My philosophic journey. *Honoris causa* address, march 12, 2018: Colegio Académico Universidad Autónoma Metropolitana". **Signos Filosóficos**, vol. XX, nº 40, July-December, 2018, pp. 18-29.

HILL, Melvyn A. (ed.). **Hannah Arendt:** *the recovery of the public world*. Nova York: St. Martin's Press, 1979.

NOVAES, Adriana C.; BERNSTEIN, Richard J. "Pensar sem apoios: uma entrevista com o Prof. Richard J. Bernstein". **Cadernos de Filosofia Alemã**. Vol. 21, nº 1, 2016, pp. 183-189.

YOUNG-BRUEHL, Elizabeth. **Hannah Arendt: por amor ao mundo** – *a vida e a obra de Hannah Arendt*. Trad. Antônio Trânsito. Rio de Janeiro: Relume Dumará, 1997.